W0203119

Das neue farbige Deutschbuch

Grammatik mit Übungen

von
Barbara Weiske

Unter beratender Mitarbeit
von Dr. Karola Grunwald

Holland + Josenhans Verlag Stuttgart
Best.-Nr. 1060

Dieses Werk folgt der reformierten Rechtschreibung und Zeichensetzung.

1. Auflage 2001

Dieses Buch ist auf Papier gedruckt, das aus 100 % chlorfrei gebleichten Faserstoffen hergestellt wurde.

Bildnachweis: Sofern nicht unmittelbar im Text angegeben, stammen die Illustrationen von Gaby Tscherne, 73087 Boll

Satz und Druck: Druck- und Verlagshaus Oertel + Spörer GmbH + Co., 72764 Reutlingen
Bindearbeit: Industrie- und Verlagsbuchbinderei Dollinger GmbH, 72555 Metzingen
ISBN 3-7782-1060-2

Vorwort

„Das neue farbige Deutschbuch" ist – wie sein Vorgänger „Das farbige Deutschbuch" von L. Kopf – ein Nachschlage- und Übungsbuch. Es führt mithilfe von Kennziffern durch die Grammatik und setzt ebenfalls Farben zum Verdeutlichen und leichteren Erkennen grammatischer Strukturen ein. Hinweise auf Besonderheiten und Fehlerquellen sind durch Symbole gekennzeichnet. Jedem grammatischen Teilgebiet sind Aufgaben und Übungen nachgeordnet, deren Angebot im Lösungsheft durch zusätzliche Übungsformen erweitert wird.

Der Rechtschreibteil beschränkt sich auf die Stoffgebiete, die als Folge der Rechtschreibreform betroffen sind. Als grammatische Begriffe sind, wie vom Lehrplan gefordert, die üblichen lateinischen Fachausdrücke verwendet worden, bei deren Erstnennung die deutschen Begriffe außerdem aufgenommen wurden. Das Sachwortverzeichnis erfasst sowohl alle deutschen als auch alle lateinischen Bezeichnungen und erleichtert somit das schnelle Auffinden.

Die Karikaturen lockern nicht nur auf. Mit ihrer Hilfe wird auch noch einmal nachgefragt oder es werden umgangssprachliche Gewohnheiten hinterfragt.

B. Weiske

Inhaltsverzeichnis

1 Die Wortarten

Überblick

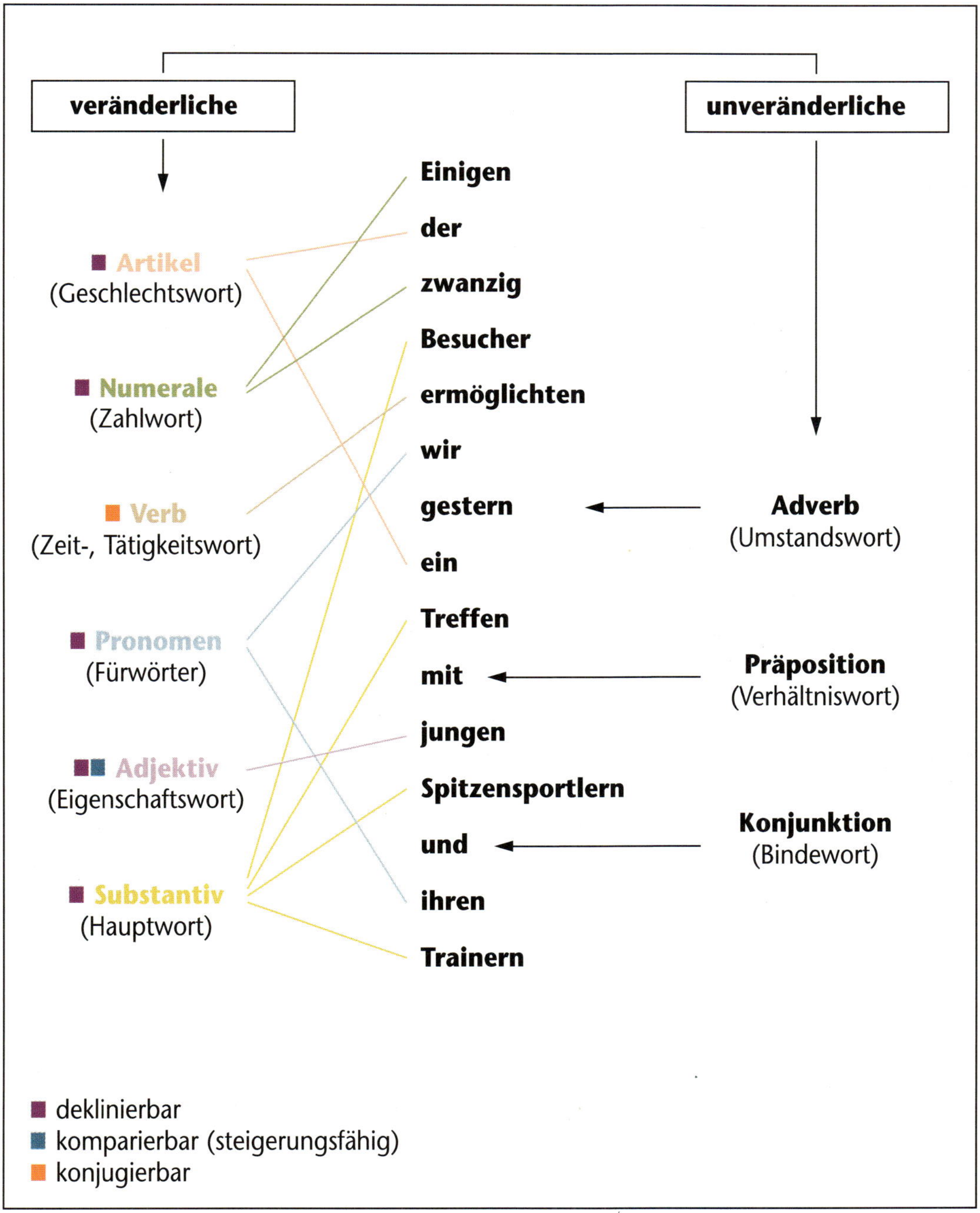

1.1 Das Substantiv (Hauptwort) mit Artikel (Geschlechtswort)

Die Liebe (1. Definition) ist eine starke Zuneigung, bezogen auf bestimmte Personen, im übertragenen Sinne auch auf andere Lebewesen, Sachen, Tätigkeiten oder Ideen. Die Liebe (2., ironische Def.) ist eine vorübergehende Geisteskrankheit, die entweder durch Heirat heilbar ist oder durch die Entfernung des Patienten von den krank machenden Einflüssen.

1 Substantive geben Dingen einen Namen (deshalb auch Namenwörter).

2 Substantive benennen:

- Gegenstände (Haus, Stein)
- Lebewesen (Vogel, Junge)

= **konkrete Substantive**

- nichtgegenständliche Dinge (Erfolg, Ärger)

= **abstrakte Substantive**

3 Das **Geschlecht** (Genus) der Substantive wird durch das Geschlechtswort (Artikel) angezeigt. Im Deutschen gibt es:

männliches Geschlecht (Maskulinum)	weibliches Geschlecht (Femininum)	sächliches Geschlecht (Neutrum)
der Hof	*die Tür*	*das Buch*
der Mann	*die Verkäuferin*	*das Schwein*
der Mut	*die Klugheit*	*das Mitleid*

4 **Besonderheiten beim Geschlecht** sind:

- das natürliche Geschlecht stimmt nicht immer mit dem grammatischen Geschlecht überein:

  das Weib, das Mädchen,
  das Fräulein, die Drohne (männliche Biene)

- gleichlautende Substantive haben unterschiedliche Bedeutungen:

der Gehalt	*der Tor*	*der Kiefer*	*der Leiter*	*der Erbe*	*das Band*	*die Steuer*	*die Flur*
das Gehalt	*das Tor*	*die Kiefer*	*die Leiter*	*das Erbe*	*der Band*	*das Steuer*	*der Flur*

- bei einigen Substantiven schwankt das Geschlecht:

  der/das Bonbon; der/das Liter; der/das Meter

5 Die grammatische Form des Substantivs, die anzeigt, ob ein oder mehr als ein Exemplar des Bezeichneten gemeint ist (Numerus), heißt **Singular (Einzahl)** oder **Plural (Mehrzahl)**

Singular	Plural
der Hof	*die Höfe*
die Tür	*die Türen*
das Buch	*die Bücher*

Die drei Artikel des Singulars werden im Plural einheitlich zu *die* (Artikel des Plurals).

6 **Besonderheiten bei Singular und Plural sind:**

- Substantive, die nur im Singular stehen können:
  (viele Stoffbezeichnungen): *Butter, Milch, Eisen, Gummi, Schnee …*
  (einige Gruppenbezeichnungen): *Vieh, Wild, Obst, Menschheit …*
  (einige abstrakte Substantive): *Fleiß, Liebe, Benehmen, das Grün, Unglück …*

Manchmal ist die Pluralbildung durch Zusammensetzung möglich:
Eisenteile, Schneemassen, Wildarten, Obstsorten, Unglücksfälle

- Substantive, die nur im Plural stehen können:
  (einige geografische Eigennamen): *die Alpen, die USA, die Niederlande …*
  (einige Warenbezeichnungen): *die Textilien, die Kurzwaren …*
  (einige Bezeichnungen für Zeiträume): *die Ferien, die Flitterwochen …*

- Mengen- und Maßangaben, die männlich oder sächlich sind, behalten in technischem und geschäftlichem Zusammenhang den Singular:
  3 Glas Bier, 2 Pfund Äpfel, 4 Fass Bier …

In allen anderen Zusammenhängen – also den meisten – werden Zahlen bis zwölf als Wort geschrieben.

- Bei manchen gleich lautenden Substantiven mit unterschiedlichen Bedeutungen sind die Pluralformen unterschiedlich:

Leiter < *Leiter* / *Leitern*
Bank < *Bänke* / *Banken*
Mutter < *Mütter* / *Muttern*
Wort < *Wörter* / *Worte*

7 Der Plural bei Fremdwörtern

Viele Fremdwörter sind eingedeutscht und damit – wenn auch nicht einheitlich – der deutschen Deklination angepasst. Teilweise treten besondere Pluralformen auf:

a) **Singular auf** — **Plural auf -en**

-a:	*Thema*	–	*Themen*
-o:	*Risiko*	–	*Risiken*
-us:	*Rhythmus*	–	*Rhythmen*
-um:	*Gymnasium*	–	*Gymnasien*
-en:	*Pronomen*	–	*Pronomen*
endungslos:	*Typ*	–	*Typen*

b) **Plural auf -se**
Omnibus – Omnibusse; Fidibus – Fidibusse

c) **doppelter Plural gebräuchlich**

Atlas < *Atlasse* / *Atlanten*
Globus < *Globusse* / *Globen*

d) **Plural auf -s**

das Hotel – *die Hotels*
das Auto – *die Autos*
das Kino – *die Kinos*

e) **Plural und Aussprache französisch**

das Restaurant – *die Restaurants*
das Abonnement – *die Abonnements*

(Zur Pluralbildung bei Fremdwörtern siehe auch 179)

8 Die **Deklination** (Beugung) der Substantive

Bei der Verwendung im Satz treten die Substantive in verschiedenen Fällen (Kasus) auf:

1. Fall	(Nominativ):	wer? oder was?	*Wer ruft? Was geschieht?*
2. Fall	(Genitiv):	wessen?	*Wessen Stimme war das?*
3. Fall	(Dativ):	wem?	*Wem helfen sie?*
4. Fall	(Akkusativ):	wen? oder was?	*Wen versorgt er? Was verlässt er?*

Nominativ: *Während der Wettkämpfe ruft der Stadionsprecher nach einem Arzt. Offensichtlich war ein Unfall passiert.*

Genitiv: *Dabei klang die Stimme des Stadionsprechers sehr erregt.*

Dativ: *Zunächst halfen zwei Sportlerinnen dem Verletzten.*

Akkussativ: *Kurze Zeit später versorgte ein Notarzt den Patienten. Dieser konnte danach mit leichter Unterstützung selbstständig das Stadion verlassen.*

9 Bei der **Deklination des Substantivs** werden Substantiv und Artikel in ihrer Form verändert:

männliche Substantive

		stark			schwach		gemischt	
Singular	Nom.	**der, ein**	Tag	Wald	**der, ein**	Bauer	**der, ein**	Staat
	Gen.	**des, eines**	Tag(e)**s**	Wald(e)**s**	**des, eines**	Baue**rn**	**des, eines**	Staat(e)**s**
	Dativ	**dem, einem**	Tag	Wald	**dem, einem**	Baue**rn**	**dem, einem**	Staat
	Akk.	**den, einen**	Tag	Wald	**den, einen**	Baue**rn**	**den, einen**	Staat
Plural	Nom.	**die**	Tag**e**	W**ä**ld**er**	**die**	Baue**rn**	**die**	Staat**en**
	Gen.	**der**	Tag**e**	W**ä**ld**er**	**der**	Baue**rn**	**der**	Staat**en**
	Dativ	**den**	Tag**en**	W**ä**ld**ern**	**den**	Baue**rn**	**den**	Staat**en**
	Akk.	**die**	Tag**e**	W**ä**ld**er**	**die**	Baue**rn**	**die**	Staat**en**

sächliche Substantive

		stark			schwach		gemischt	
Singular	Nom.	**das, ein**	Jahr	Tal			**das, ein**	Ohr
	Gen.	**des, eines**	Jahr(e)**s**	Tal(e)**s**			**des, eines**	Ohr(e)**s**
	Dativ	**dem, einem**	Jahr	Tal			**dem, einem**	Ohr
	Akk.	**das, ein**	Jahr	Tal			**das, ein**	Ohr
Plural	Nom.	**die**	Jahr**e**	T**ä**l**er**			**die**	Ohr**en**
	Gen.	**der**	Jahr**e**	T**ä**l**er**			**der**	Ohr**en**
	Dativ	**den**	Jahr**en**	T**ä**l**ern**			**den**	Ohr**en**
	Akk.	**die**	Jahr**e**	T**ä**l**er**			**die**	Ohr**en**

weibliche Substantive

		stark			schwach		gemischt	
Singular	Nom.	**die, eine**		Nacht	**die, eine**	Straße		
	Gen.	**der, einer**		Nacht	**der, einer**	Straße		
	Dativ	**der, einer**		Nacht	**der, einer**	Straße		
	Akk.	**die, eine**		Nacht	**die, eine**	Straße		
Plural	Nom.	**die**		N**ä**cht**e**	**die**	Straße**n**		
	Gen.	**der**		N**ä**cht**e**	**der**	Straße**n**		
	Dativ	**den**		N**ä**cht**en**	**den**	Straße**n**		
	Akk.	**die**		N**ä**cht**e**	**die**	Straße**n**		

10 Merkmale der Deklinationsarten:

starke Deklination:	• bei **männlichen** und **sächlichen** Substantiven im Genitiv Singular (-e)s und im Plural oft Umlaut (ä, ü) • bei **weiblichen** Substantiven im Singular endungslos, im Plural oft Umlaut (ä, ü)
schwache Deklination:	• bei **männlichen** Substantiven in allen Fällen im Singular und Plural außer Nominativ Singular Endung (-e)n • bei **weiblichen** Substantiven im Singular endungslos, im Plural wie männliche Substantive -(e)n
gemischte Deklination:	• einige **männliche** und **sächliche** Substantive werden im Singular stark (= Genitiv -(e)s), aber im Plural schwach dekliniert

11 Der Genitiv Singular bei Eigennamen

a) Personenbezeichnungen erhalten die Endung **-s**, wenn sie ohne Artikel verwendet werden:

Mutters Mantel; Roberts Bücher; Lessings Fabeln; Robert Kochs Entdeckung

b) Personennamen, die auf s, ß, z oder x enden, werden folgendermaßen behandelt:

Karl Marx' Briefe	*die Briefe von Karl Marx*
Theodor Heuss' Leben	*das Leben von Theodor Heuss*
(vorangestellt mit einem Apostroph)	(nachgestellt mit Präposition)

c) bei geografischen Namen

ohne Artikel	mit Artikel	oder:
Berlins Bauwerke	*die Wellen des Atlantik*	*die Wellen des Atlantiks*

d) bei mehreren zusammengehörigen Personennamen und Personennamen mit Titeln:

ohne Artikel	mit Artikel
Professor Dr. Peter Meiers Plan	*der Plan des Professors Dr. Peter Meier*
(der **letzte Name** erhält das Genitiv-s)	(der **erste Titel** erhält das Genitiv-s)

e) „Herr“ wird vor Personennamen und Titeln immer dekliniert:

Herrn Müllers Arbeit; die Akten für Herrn Müller

Ü 1 Bestimmter oder **unbestimmter Artikel**?

Bei vielen Völkern ___ Antike galt ___ Sieben als ___ besondere Zahl. Bei den Ägyptern und Babyloniern galt sie als ___ Summe ___ beiden Lebenszahlen Drei und Vier: Vater, Mutter und Kind – also drei Menschen – sind ___ Grundlage ___ Lebens und ___ Vier ist die Zahl ___ Himmels- und Windrichtungen. Dreieck und Viereck galten bei ___ Mathematikern ___ Antike als vollkommene Gebilde. Sieben war ihnen darum ___ heilige Zahl. ___ der ältesten Siebenheiten sind ___ Sieben Weltwunder, die berühmtesten und großartigsten Bau- und Kunstwerke der Antike.

Ü 2 In welchem **Fall** stehen die Substantive? Die Fragemethode (siehe 8) kann Ihnen dabei helfen. Zu einigen Fragen gehört eine Präposition.

Vor einigen Jahren führte **ein schwedischer Forscher** in Stockholm **ein** interessantes **Experiment** durch. Er lud zwanzig urteilsfähige, einwandfrei farbentüchtige **Personen** zu **einem** großen **Festessen** ein. Die Gäste gerieten in **die** beste **Laune**, als ihnen beim Betreten **des Speisezimmers** köstliche **Düfte** in **die Nase** stiegen. Sie setzten sich erwartungsvoll und nahmen vergnügt **den Löffel** zur **Hand**, als sie **die** herrliche **Geflügelsuppe** im **Teller** hatten. In diesem **Augenblick** jedoch schaltete **ein** an **der Saaltür** stehender **Gehilfe** auf **einen Wink des Gastgebers das** normale **Licht** aus und ein zweites an, das durch **Filter** ging, die nur **den** roten und grünen **Teil** des Spektrums durchließen. **Der** gute **Appetit der Gäste** ging mehr und mehr verloren, je weiter **das Essen** fortschritt: Der Fisch schien schwarz, **das Truthahnfleisch** sah aus, als tröffe es von **Blut**, der Spargel blitzte violett. An **der Tafel** herrschte hochgradiges Unbehagen.

Ü 3 Im Deutschen werden – außer den Satzanfängen und Namen – auch die Substantive großgeschrieben. Berichtigen Sie den folgenden Text:

Im spätsommer erleben wir öffentliche wunder: spinnen bauen netze. In deutschland kommen etwa 50 kreuzspinnenarten vor. Sie alle gehören zu den radnetzbauenden webspinnen. Jede von ihnen baut ein artspezifisches netz, die variationen sind vielfältig. In der jugend bauen beide geschlechter, doch wenn die männchen fortpflanzungsfähig werden, beginnt für sie ein unruhiges wanderleben. Sie sind dann stets auf der suche nach paarungsreifen weibchen. Mit den endgliedern ihrer beine berühren sie einen netzfaden der weiblichen spinne und erkennen, ob hier ein weibchen derselben art lebt und ob es begattungswillig ist. Damit das männchen nicht sofort gefressen wird, zupft es auf den netzfäden eine spezifische erkennungsmelodie, die das weibchen zärtlich stimmt. Wenn die jungen, winzigen kreuzspinnchen einen guten wind verspüren, spulen sie einen ballonfaden ab, den der wind erfasst und der sie zu anderen, oft weit entfernten orten trägt.

Ü 4 In jedem Alphabet fehlen vier Buchstaben, die – zusammengesetzt und in der richtigen Reihenfolge – ein Adjektiv oder Substantiv ergeben. Denken Sie an die Groß- oder Kleinschreibung.

BCDEFGIJ KLNOPQR STUVWXY	ABCDEFG HIJLMNOP QSTVWXY	ABCEFGIJ KLMOPQR STVWXYZ	ABCEFGHI JKLMOPQ STVWXYZ	BCDEFHIJ KMOPQRS TUVWXYZ	BCEFGIJK LMOPQRS TUVWXYZ
ACEFGHIJ KLMOPQR STVWXYZ	CDEFGHIJL MOPQRST UVWXYZ	BCDEFHJK MNOPQRS TUVWXYZ	ACDEFGHI JKLMOPQ RSVWXYZ	ABDFGHIJ MNOPQRS TUVWXYZ	ABCEFGHJ KLMOPQS TUVWXYZ

1.2 Das Verb (Zeitwort, Tätigkeitswort)

Waldstein liegt auf dem Bett. Laute Musik füllt das Zimmer. Seine Mutter ruft etwas aus der Küche. Er versteht sie nicht. Sie wird ihn schon nicht gemeint haben. Sein Blick gleitet über die gegenüberliegende Wand: Poster, das Bücherregal. Zum Geburtstag hatte er ein neues Buch von Ken Follet bekommen. Ich könnte mal wieder lesen, dachte er.

12 Verben drücken aus
- was sich ereignet
- was getan wird
- was ist

Sie bezeichnen also **Vorgänge, Tätigkeiten oder Zustände.**

Der See friert zu. Die Kinder schreiben. Bonn liegt am Rhein.

13 Die **Arten** der Verben sind:

(Voll-)Verben: *planen, singen, ausführen, zerreißen*

Hilfsverben: *haben, sein, werden* (siehe **19**)

Modalverben: *dürfen, können, mögen, müssen, sollen, wollen* (siehe **19**)

- Sie werden meist mit dem Infinitiv eines anderen Verbs verbunden:

  Er darf fahren. Du kannst schwimmen.

- Sie drücken eine Erlaubnis, Möglichkeit, Notwendigkeit, Forderung oder Absicht aus.

14 Der **Infinitiv** (Grundform, Nennform) ist die Form, in der Verben beispielsweise in Wörterbüchern angegeben werden.

Der Infinitiv jedes Verbs besteht aus: Verbstamm + Infinitivendung

ruh / en
komm / en
arbeit / en
spiel / en
koch / en
hader / n
tu / n
lächel / n

15 Die **Partizipien** (Mittelwörter) sind Adjektive (Eigenschaftswörter), die aus dem Verb gebildet werden:

	Partizip I	**Partizip II**
Bildung:	Infinitiv + d	ge + Verbstamm + en / + t
	laufend	*gelaufen*
	singend	*gesungen*
	spielend	*gespielt*
	= Partizip des Präsens (Partizip der Gegenwart)	= Partizip des Perfekts (Partizip der Vergangenheit)

16 Das **Partizip II** wird **ohne** das **Präfix** (Vorsilbe) *ge-* gebildet,

- wenn Verben die Präfixe *be-, ent-, er-, ver-, zer-* haben.

Infinitiv	**Partizip II**
bekommen	*bekommen*
entgehen	*entgangen*
erhalten	*erhalten*
versprechen	*versprochen*
zerstören	*zerstört*

- wenn es sich um Verben mit Suffixen der Infinitivendung *-ieren* handelt:

studieren	*studiert*
rasieren	*rasiert*
trainieren	*trainiert*

17 Verben werden konjugiert (siehe 20).

Die **Konjugation** (Beugung) ist die Veränderung nach:

a) **Person**

Es gibt drei Personen:
- die 1. (sprechende) Person: *ich, wir*
- die 2. (angesprochene) Person: *du, ihr*
- die 3. Person (das Besprochene): *er, sie, es; sie*

b) **Zahl** (Numerus)
Singular (Einzahl) – Plural (Mehrzahl)

c) **Zeit** (siehe **20**)
Es gibt sechs Zeitformen:

Plusquamperfekt	*Präteritum*	*Perfekt*	*Präsens*	*Futur I*	*Futur II*
←			Gegenwart		→
vollendete Vergangenheit	Vergangenheit	vollendete Gegenwart		Zukunft	vollendete Zukunft

d) **Aussageweisen** (Modi des Verbs)

- Wirklichkeitsform (Indikativ)
- Möglichkeitsform (Konjunktiv)
- Befehlsform (Imperativ)

e) **Aktiv** (Tatform) – **Passiv** (Leideform)

Alle Formen mit Personenendungen nennt man **finite** Formen (im Unterschied zu den infiniten Formen Infinitiv und Partizipien (siehe **14**, **15**).

18 Es gibt drei **Konjugationsarten**, die mithilfe der Stammformen/Leitformen unterschieden werden.

Von jedem Verb können drei Stammformen/Leitformen gebildet werden:

Infinitiv	**1. Person Singular Präteritum**	**Partizip II**
nehmen/holen	*nahm/holte*	*genommen/geholt*
↓	↓	↓
Stamm des Präsens: (der Gegenwart)	Stamm des Präteritums: (der Vergangenheit)	Stamm des Partizips II: (des Mittelwortes der Vergangenheit)
nehmen/holen	*nahm/holte*	*genommen/geholt*

19 **Konjugationsarten** sind:

starke Verben

trinken – trank – getrunken

Merkmale:

- Veränderung des Stammvokals (Ablaut)
- Endung des Partizips II auf -en

unregelmäßige Verben

a) *nennen – nannte – genannt*

Merkmale:

- Wechsel des Stammvokals zwischen -e- und -a-
- Endung des Partizips II auf -t

b) *bringen – brachte – gebracht*

Merkmale:

- Veränderung des Stammvokals
- Veränderung von Konsonanten

c) *haben – hatte – gehabt*
sein – war – gewesen
werden – wurde – geworden
} Hilfsverben (siehe **13**)

d) *dürfen – durfte – gedurft*
können – konnte – gekonnt
mögen – mochte – gemocht
müssen – musste – gemusst
sollen – sollte – gesollt
wollen – wollte – gewollt
} Modalverben

schwache Verben

turnen – turnte – geturnt

Merkmale:

- unveränderter Stammvokal
- Endung des Partizips II auf -t oder -et

Einige Verben können sowohl stark als auch schwach konjugiert werden. Bei diesen Verben bestehen Bedeutungsunterschiede:

schaffen	*schuf – geschaffen*	*Der Maler schuf ein Gemälde.*
	schaffte – geschafft	*Der Junge schaffte die Tasche weg.*
hängen	*hing – gehangen*	*Das Bild hing an der Wand.*
	hängte – gehängt	*Der Vater hat das Bild an die Wand gehängt.*
erschrecken	*erschrak – erschrocken*	*Er erschrak vor dem Hund.*
	erschreckte – erschreckt	*Der Knall erschreckte sie.*

20 Die **Zeitformen** (Tempusformen) des Verbs (siehe 17) im Indikativ (siehe 17d) Aktiv sind:

Präsens

Person	**starkes Verb**	**schwaches Verb**
1. ich	geh**e**	frag**e**
2. du	geh**st**	frag**st**
3. er, sie, es	geh**t**	frag**t**
1. wir	geh**en**	frag**en**
2. ihr	geh**t**	frag**t**
3. sie	geh**en**	frag**en**

Präteritum

Person	**starkes Verb**	**schwaches Verb**
1. ich	ging	frag**te**
2. du	ging**st**	frag**test**
3. er, sie, es	ging	frag**te**
1. wir	ging**en**	frag**ten**
2. ihr	ging**t**	frag**tet**
3. sie	ging**en**	frag**ten**

Perfekt / **Plusquamperfekt**

Person	**Perfekt: starkes Verb**	**Perfekt: schwaches Verb**	**Plusquamperfekt: starkes Verb**	**Plusquamperfekt: schwaches Verb**
1. ich	**bin** gegang**en**	**habe** gefrag**t**	**war** gegang**en**	**hatte** gefrag**t**
2. du	**bist** gegang**en**	**hast** gefrag**t**	**warst** gegang**en**	**hattest** gefrag**t**
3. er, sie, es	**ist** gegang**en**	**hat** gefrag**t**	**war** gegang**en**	**hatte** gefrag**t**
1. wir	**sind** gegang**en**	**haben** gefrag**t**	**waren** gegang**en**	**hatten** gefrag**t**
2. ihr	**seid** gegang**en**	**habt** gefrag**t**	**wart** gegang**en**	**hattet** gefrag**t**
3. sie	**sind** gegang**en**	**haben** gefrag**t**	**waren** gegang**en**	**hatten** gefrag**t**
	= Präsens von *sein* und *haben* + Partizip II		= Präteritum von *sein* und *haben* + Partizip II	

Futur I / **Futur II**

Person	**Futur I: starkes Verb**	**Futur I: schwaches Verb**	**Futur II: starkes Verb**	**Futur II: schwaches Verb**
1. ich	werd**e** gehen	werde fragen	werd**e** gegang**en** sein	werd**e** gefrag**t** haben
2. du	**wirst** gehen	wirst fragen	**wirst** gegang**en** sein	**wirst** gefrag**t** haben
3. er, sie, es	**wird** gehen	wird fragen	**wird** gegang**en** sein	**wird** gefrag**t** haben
1. wir	werd**en** gehen	werden fragen	werd**en** gegang**en** sein	werd**en** gefrag**t** haben
2. ihr	werd**et** gehen	werdet fragen	werd**et** gegang**en** sein	werd**et** gefrag**t** haben
3. sie	werd**en** gehen	werden fragen	werd**en** gegang**en** sein	werd**en** gefrag**t** haben
	= Präsens von *werden* + Infinitiv		= Präsens von *werden* + Partizip II + Infinitiv von *haben* oder *sein*	

21 Die **Zeitformen** des Indikativs werden **wie folgt gebraucht:**

a) Im Präsens (Gegenwart) steht,

- was gerade jetzt geschieht: *Er hält die Leiter.*
- was immer/jederzeit so ist: *Der Mond umkreist die Erde.*
- was noch bevorsteht: *Nächstes Jahr feiern wir Silberhochzeit.*
- Vergangenes, das man besonders lebendig darstellen will (dabei kann ein Zeitformwechsel erfolgen): *Wir waren beim Essen, da fällt meinem Bruder doch plötzlich ein, dass er das Auto nicht abgeschlossen hat.*

b) Im Perfekt (vollendete Gegenwart) steht Geschehenes,

- das jetzt abgeschlossen ist: *Ich habe die Wohnung renoviert.*
- das abgeschlossen sein muss, bevor ein anderes beginnt: *Wenn ich die Wohnung renoviert habe, könnt ihr mich besuchen.*

c) Im Präteritum (Vergangenheit) werden Handlungen und Zustände, die in der Vergangenheit liegen, wiedergegeben.

Es ist die Zeitform des Erzählens und Berichtens: *Es war im vergangenen Sommer. Das Fahrzeug näherte sich langsam.*

d) Das Plusquamperfekt (vollendete Vergangenheit) gibt Geschehenes wieder,

- das in der Vergangenheit abgeschlossen war.
- In Verbindung mit dem Präteritum drückt es die Vorzeitigkeit eines Geschehens gegenüber einem anderen aus: *Nachdem der Zug abgefahren war, verließen wir den Bahnsteig.*

e) Im Futur I drückt man aus, was später geschehen wird: *Am Wochenende werden wir Besuch bekommen.*

Im Deutschen steht oft statt des Futur I das Präsens: *Am Wochenende bekommen wir Besuch* (siehe a).

f) Das Futur II drückt im Deutschen meist eine Vermutung über ein vergangenes Geschehen aus: *Du wirst nicht aufgepasst haben, deshalb bist du mit dem Rad gestürzt.*

Futur II wird selten gebraucht.

22 Der **Konjunktiv** drückt aus, dass das sprachlich Dargestellte

- nur vorgestellt ist: *Wenn man bedenkt, dass er beinahe verunglückt wäre.*
- gewünscht wird: *Ich wünsche mir, dass ich unsichtbar wäre.*
- nicht erwiesen ist oder vermutet wird: *Es könnte sich aber auch ganz anders abgespielt haben.*

Der Konjunktiv wird in der indirekten (nichtwörtlichen) Rede verwendet (siehe **26**, **27**).

23 Die **Konjugation im Konjunktiv** – im Vergleich zu der im Indikativ

	Präsens				**Präteritum**			
	Indikativ		**Konjunktiv I**		**Indikativ**		**Konjunktiv II**	
Person	**starkes Verb**	**schwaches Verb**	**starkes Verb**	**schwaches Verb**	**starkes Verb**	**schwaches Verb**	**starkes Verb**	**schwaches Verb**
ich	trage	lobe	trage	lobe	trug	lobte	**trüge**	lobte
du	trägst	lobst	(tragest)	(lobest)	trugst	lobtest	**trüg(e)st**	lobtest
er, sie, es	trägt	lobt	**trage**	**lobe**	trug	lobte	**trüge**	lobte
wir	tragen	loben	tragen	loben	trugen	lobten	**trügen**	lobten
ihr	tragt	lobt	(traget)	(lobet)	trugt	lobtet	**trügt**	lobtet
sie	tragen	loben	tragen	loben	trugen	lobten	**trügen**	lobten

Die Formen in Klammern sind heute kaum noch gebräuchlich.

Vor allem im Präsens und bei schwachen Verben unterscheiden sich Indikativ und Konjunktiv nicht.

Deshalb wird der Konjunktiv häufig mit *würde* gebildet.

Wenn die Haifische Menschen wären, würden sie im Meer für die kleinen Fische gewaltige Kästen bauen lassen ... Sie würden sorgen, dass die Kästen immer frisches Wasser hätten ...

(Bertolt Brecht: Wenn die Haifische Menschen wären ... aus: Lachen und lachen lassen. Eulenspiegel Verlag, Berlin. 1982, S. 231)

Wenn ein echter Konjunktiv möglich ist, sollte man die Verwendung von *würde* vermeiden:

Die Vorstellung, sie allein ***trage*** *die Verantwortung für alle Schüler, machte sie nervös.* (Konj. I)

Er vermutete, dass unser Brief zur allgemeinen Verunsicherung ***beitrüge***. (Konj. II)

24 **Die Konjugation** der Hilfsverben ***sein, haben*** und ***werden*** **im Konjunktiv** – im Vergleich zum Indikativ:

	Präsens						Präteritum					
	Indikativ			**Konjunktiv I**			**Indikativ**			**Konjunktiv II**		
ich	bin	habe	werde	**sei**	habe	werde	war	hatte	wurde	**wäre**	**hätte**	**würde**
du	bist	hast	wirst	**sei(e)st**	(habest)	(werdest)	warst	hattest	wurdest	**wär(e)st**	**hättest**	**würdest**
er	ist	hat	wird	**sei**	**habe**	**werde**	war	hatte	wurde	**wäre**	**hätte**	**würde**
wir	sind	haben	werden	**seien**	haben	werden	waren	hatten	wurden	**wären**	**hätten**	**würden**
ihr	seid	habt	werdet	**seiet**	(habet)	werdet	wart	hattet	wurdet	**wärt**	**hättet**	**würdet**
sie	sind	haben	werden	**seien**	haben	werden	waren	hatten	wurden	**wären**	**hätten**	**würden**

Der Anteil der Konjunktivformen bei den Hilfsverben, mit denen die zusammengesetzten Zeitformen gebildet werden, ist sehr hoch.

Bei der indirekten Rede (siehe 26, 27) sollte man *sein, haben, werden* im Konjunktiv immer den Varianten mit *würde* vorziehen.

25 Die **Konjugation der Modalverben im Konjunktiv** – im Vergleich zum Indikativ:

Präsens

	Ind.	**Konj. I**	**Ind.**	**Konj. I**	**Ind.**	**Konj. I**	**Ind.**	**Konj. I**	**Ind.**	**Konj. I**	**Ind.**	**Konj. I**
ich	kann	**könne**	muss	**müsse**	darf	**dürfe**	mag	**möge**	will	**wolle**	soll	**solle**
du	kannst	–	musst	–	darfst	–	magst	–	willst	–	sollst	–
er	kann	**könne**	muss	**müsse**	darf	**dürfe**	mag	**möge**	will	**wolle**	soll	**solle**
wir	können	–	müssen	–	dürfen	–	mögen	–	wollen	–	sollen	–
ihr	könnt	–	müsst	–	dürft	–	mögt	–	wollt	–	sollt	–
sie	können	–	müssen	–	dürfen	–	mögen	–	wollen	–	sollen	–

Beim Konjunktiv I wurden alle Formen weggelassen, die sich nicht von den Indikativformen unterscheiden.

Präteritum

	Ind.	**Konj. II**	**Ind.**	**Konj. II**	**Ind.**	**Konj. II**	**Ind.**	**Konj. II**	**Ind.**	**Konj. II**	**Ind.**	**Konj. II**
ich	konnte	**könnte**	musste	**müsste**	durfte	**dürfte**	mochte	**möchte**	wollte	–	sollte	–
du	konntest	**könntest**	musstest	**müsstest**	durftest	**dürftest**	mochtest	**möchtest**	wolltest	–	solltest	–
er	konnte	**könnte**	musste	**müsste**	durfte	**dürfte**	mochte	**möchte**	wollte	–	sollte	–
wir	konnten	**könnten**	mussten	**müssten**	durften	**dürften**	mochten	**möchten**	wollten	–	sollten	–
ihr	konntet	**könntet**	musstet	**müsstet**	durftet	**dürftet**	mochtet	**möchtet**	wolltet	–	solltet	–
sie	konnten	**könnten**	mussten	**müssten**	durften	**dürften**	mochten	**möchten**	wollten	–	sollten	–

Der Konjunktiv II kann durchgehend gebildet werden – außer bei *wollen* und *sollen*.

26 Der **Konjunktiv in der indirekten** (nichtwörtlichen) **Rede**

Die indirekte Rede ist die nichtwörtliche Wiedergabe fremder oder früherer eigener sprachlicher Äußerungen oder Gedanken.

27 Die **sprachlichen Mittel der indirekten Rede** sind:

- redeeinführende Verben oder Substantive:
  sagen, feststellen, bestätigen, ... die Ansicht vertreten, die Nachricht erhalten
- die Änderung des Personalpronomens:
  direkte Rede: *Edith berichtete: „Gestern sind bei uns mehrere Unterrichtsstunden ausgefallen."*
  indirekte Rede: *Edith berichtete, dass gestern bei ihnen mehrere Unterrichtsstunden ausgefallen seien.*
- die Form des Nebensatzes:
  - eingeleiteter Nebensatz:
    Jemand fragte, ob alle Gäste eingeladen worden seien.
    Der Gastgeber antwortete, dass er an alle Freunde Einladungen geschickt habe.
  - uneingeleiteter Nebensatz:
    Der Gastgeber antwortete, er habe an alle Freunde Einladungen verschickt.
- Falls sich Konjunktiv I und Indikativ nicht voneinander unterscheiden (siehe **24**, **25**), verwendet man den Konjunktiv II oder eine Konstruktion mit *„würde"*:
  Sie führen (statt: fahren; Konjunktiv I und Indikativ sind nicht unterscheidbar) *heute noch einkaufen.*
  Sie würden heute noch einkaufen fahren.

28 Grafische Übersicht über die direkte und die indirekte Rede:

direkte Rede	indirekte Rede
Mein Bruder erklärte: „Du musst mir bei meiner Übung helfen."	*Mein Bruder erklärte, dass ich ihm bei seiner Übung helfen müsse.*
• Das Prädikat der direkten Rede steht im Indikativ.	• Die ursprünglich direkte Rede erscheint im Nebensatz. • Das Prädikat dieses Nebensatzes steht im Konjunktiv I. • Personal- und Possessivpronomen (siehe **72**) müssen geändert werden.
_ _ _ _ _ _ _: „_ _ _ _ _ _."	_ _ _ _ _ _ _, ~~~~~~.

29 Der **Imperativ** (die Befehlsform) ist die kürzeste Form des Verbs, um Bitten, Aufrufe, Verbote, Befehle und Aufforderungen auszudrücken.

Singular	**Plural**	**Höflichkeitsform**
Komm!	*Kommt!*	*Kommen Sie!*
Gib!	*Gebt!*	*Geben Sie!*

Bei Aufforderungen mit weniger Nachdruck wird heute häufig die grammatische Form des Imperativs **ohne Ausrufezeichen** verwendet.

30 Aktiv – Passiv

Das Verb erlaubt, ein Geschehen in verschiedenen **Handlungsarten** darzustellen:

Aktiv	Passiv
Ich sehe. *Wir waschen das Auto.*	*Du wirst gesehen.* *Das Auto wird (von uns) gewaschen.*
Der Aktive = der Täter = das Subjekt des Satzes.	Der „Täter" ist unwichtig oder fehlt. **Was** getan wird, ist wichtiger.

31 Bildung des Passivs

Aktiv: *Röntgenstrahlen schwärzen Fotoplatten.*

Passiv: *Fotoplatten werden durch Röntgenstrahlen geschwärzt.*

- Das Subjekt des Aktiv-Satzes wird im Passiv-Satz zum präpositionalen Objekt *(Röntgenstrahlen → durch Röntgenstrahlen)*
- Das Objekt des Aktiv-Satzes wird im Passiv-Satz zum Subjekt *(Fotoplatten).*
- Die Passiv-Form des Verbs wird gebildet aus der Konjugationsform von *werden* und Partizip II *(werden geschwärzt).*

32 Die Zeitformen des Passivs im Vergleich zum Aktiv:

	Aktiv	Passiv
Präsens:	*ich frage*	*ich werde gefragt*
Präteritum:	*ich fragte*	*ich wurde gefragt*
Perfekt:	*ich habe gefragt*	*ich bin gefragt worden*
Plusquamperfekt:	*ich hatte gefragt*	*ich war gefragt worden*
Futur I:	*ich werde fragen*	*ich werde gefragt werden*
Futur II:	*ich werde gefragt haben*	*ich werde gefragt worden sein*

33 Möglichkeit der **Verwechslung** von Aktiv Futur I mit Passiv Präsens:

Aktiv Futur I

Ich werde dich tragen.

↑

Infinitiv

Passiv Präsens

Ich werde von dir getragen.

↑

Partizip II

Mein Bruder wird das Versteck nicht verraten.

Das Versteck wird von meinem Bruder nicht verraten.

Infinitiv ist wie Partizip II

In solchen Fällen ist nur aus dem Sinnzusammenhang zu erkennen, ob Aktiv oder Passiv vorliegen.

34 **Transitive** und **intransitive Verben**

a) Transitive Verben sind solche Verben, die **einen Akkusativ** (= Akkusativobjekt; wen oder was?) bei sich haben können:
einen Brief schreiben; Briefmarken sammeln; den Fernseher abstellen

b) Intransitive Verben sind Verben, die **nicht einen Akkusativ** bei sich haben können, also:

- Verben, die den Genitiv verlangen (= Genitivobjekt; wessen?):
  sich der Technik bedienen; sich seiner Muskelkraft rühmen; der Toten gedenken; …

- Verben, die den Dativ verlangen (= Dativobjekt; wem?):
  mir gefallen; der Nachbarin zusagen; den Tieren fehlen; …
- Verben, die mit Präpositionen (= Präpositionalobjekt) kombiniert werden:
  über die Aufgabe nachdenken; an dem Problem verzweifeln; für jemanden stimmen; …
- Verben der Bewegung:
  kommen; springen; fliegen; …
- Verben des Geschehens und von Naturvorgängen:
  fließen; wehen; rauschen; …

Nur von transitiven Verben können echte Passivformen gebildet werden. Genitiv-, Dativ- und Präpositionalobjekte können jedoch in ein subjektloses Passiv umgewandelt werden:

Die Passanten helfen dem verunglückten Fußgänger. (Dativobjekt im Aktivsatz)	*Dem verunglückten Fußgänger wird von den Passanten geholfen.*

35 **Das Zustandspassiv** – im Vergleich zum Vorgangspassiv:

Vorgangspassiv		Zustandspassiv
Die Reparatur ist erledigt worden.	→	*Die Reparatur ist erledigt.*
Die Tür ist wieder geschlossen worden.	→	*Die Tür ist wieder geschlossen.*
Das Problem ist nicht gelöst worden.	→	*Das Problem ist nicht gelöst.*

↑ Zustände als Ergebnis einer vorausgegangenen Tätigkeit.

Ü 5 Bestimmen Sie Zeitform, Person, Zahl (Numerus), Indikativ/Konjunktiv der verwendeten Prädikate:

Jeder von uns hat im Laufe des Lebens schon die köstlichsten Güter verloren – ich rede nicht von Unschuld, Ehre, Glauben, Freiheit. Kaum jemand aber hat Verlorenes je wiederbekommen. Ich kenne auch keinen, der etwas auf dem Bürgersteig gefunden hat. Wenn Fundbüros ihren Vorrat nicht hin und wieder an den Meistbietenden verkaufen würden, läge der ganze Erdball im Fundbüro. Ein Fall, der in meiner Umgebung geschah, sei hier erzählt.
Der Architekt Jagerspacher hatte unterwegs seinen Koffer eingebüßt. So waren außer einem noblen Seidenschlafanzug und anderen Luxusgütern auch zwölf von Frau Jagerspacher gestickte Taschentücher verschwunden. Wie wird Frau Jagerspacher reagieren?
Letzten Mittwoch feierte Jagerspacher Geburtstag. Und was kommt pünktlich mit der Post? Ein Riesenpaket. Was enthält das Riesenpaket? Einen eher noch schöneren Koffer mit fast gleichem Inhalt wie der verlorene und einen Brief: „Herr Architekt! Die Gepäckdiebe haben Ihren Schmerz aus der Ferne mitangesehen. Die Ihnen abgenommenen Sachen haben wir leider schon abgestoßen – doch unser Gewissen ließ uns keine Ruhe. Wir drehten alsbald ein anderes Ding und senden Ihnen aus dem Ergebnis unserer Tätigkeit anbei Ersatz für das Verlorene. Ergebenst – Die Gepäckdiebe."
Der Architekt wunderte sich, Frau Jagerspacher schmunzelte: Das hatte sie fein gemacht, der Streich war ihr gelungen.
Was wird Jagerspacher tun? Am nächsten Abend erzählt der Architekt seiner Frau, dass er Koffer samt Inhalt – gestohlenes Gut – bei der Polizei abgegeben hat.

(nach: Roda Roda: Das Fundbüro. In: Lust am Lachen. Piper. München. Zürich 1990, S. 45)

Ü 6 Übertragen Sie die Tabelle in Ihr Heft!
a) Bilden Sie die Präsens- und Präteritumformen des Indikativs.
b) Bilden Sie danach – mithilfe des Präteritumstamms – die Konjunktiv-II-Formen:

	Indikativ Präsens	Indikativ Präteritum	Konjunktiv II
1. Pers. Sg. von *haben*	*ich habe*	*ich hatte*	*ich hätte*
1. Pers. Pl. von *sein*			
1. Pers. Pl. von *sehen*			
3. Pers. Sg. von *fallen*			
2. Pers. Sg. von *fahren*			
3. Pers. Pl. von *singen*			
2. Pers. Pl. von *kommen*			
2. Pers. Sg. von *ziehen*			
3. Pers. Sg. von *gehen*			
1. Pers. Pl. von *fliegen*			
3. Pers. Sg. von *halten*			
2. Pers. Sg. von *geben*			
3. Pers. Pl. von *springen*			

Ü 7 Formen Sie folgende Aktivsätze in Passivsätze um (siehe 30, 31).
Passivformen (und unpersönliche Ausdrucksweise, z. B. mit *man*) werden in Vorgangs- und Gegenstandsbeschreibungen verwendet.

a) Notärzte können die meisten lebensbedrohlichen Zustände erkennen.
b) Alle komplizierten Krankheitsursachen können sie natürlich nicht ermitteln.
c) Der Notarzt weist den Patienten in das Krankenhaus ein.
d) Die Fachärzte des Krankenhauses untersuchen den Patienten nochmals gründlich.
e) Sie setzen dabei die stationäre Diagnose-Technik ein.
f) Der Untersuchungsbefund entscheidet dann über die Weiterbehandlung des Patienten.
g) Der medizinische Notdienst setzt möglichst erfahrene Ärzte ein, die als niedergelassene oder Klinikärzte arbeiten.
h) Diese Ärzte sammeln durch die Weiterbehandlung von Notfallpatienten Erfahrungen für ihre Arbeit als Notärzte.
i) Zusätzliche Angebote zur speziellen Weiterbildung nehmen Notärzte dankbar an.

Ü 8 Hier werden Ausschnitte aus einem Vorstellungsgespräch in wörtlicher (direkter) Rede wiedergegeben. In einem Gedächtnisprotokoll, das die Bewerberin nachträglich anfertigt, wird sie das Gespräch in die nichtwörtliche (indirekte) Rede umformen (siehe 26–28). Wie könnte dieses Gedächtnisprotokoll aussehen?

Man verwendet den Konjunktiv des Präsens (Konjunktiv I), wenn er sich eindeutig vom Indikativ unterscheidet.

Falls sich Konjunktiv I und Indikativ nicht unterscheiden, verwendet man Konjunktiv des Präteritums (= Konjunktiv II) oder *würde* + Infinitiv

P.: Warum wollen Sie Ihren schulischen Bildungsweg abbrechen?

B.: Ich weiß inzwischen, dass ich nicht studieren will. Meine Interessen liegen auf technischem Gebiet. Ich bin eher praktisch veranlagt.

P.: Wie schätzen Sie denn Ihre schulischen Leistungen ein?

B.: In den naturwissenschaftlichen Fächern habe ich gute und befriedigende Leistungen, in den sprachlichen Fächern stehe ich nicht so gut.

P.: Worin sehen Sie die Ursachen?

B.: Vielleicht ist das Veranlagung.

P.: Schon möglich. Aber für Ihre Generation ist die Einheit Europas Wirklichkeit, auch auf dem Arbeitsmarkt. Wie sehen Sie vor diesem Hintergrund Ihre Zukunftschancen?

B.: Ich finde die Einheit Europas gut. Das ist inzwischen auch ein Grund, dass ich mich mehr anstrenge, um Fremdsprachen besser zu beherrschen. Seit einem Jahr nehme ich jede Woche auf privater Basis Zusatzunterricht in zwei Fremdsprachen. Meine Noten habe ich dadurch verbessern können.

P.: Aus Ihrem Bewerbungsschreiben ersehe ich, dass Sie einen Metall verarbeitenden Beruf ergreifen wollen. Haben Sie auf diesem Gebiet Erfahrungen?

B.: Im Berufspraktikum in der 9. Klasse habe ich hier in diesem Betrieb schon gearbeitet, und in den letzten Sommerferien war ich im Materiallager von XY & Co.

(Personalchef/in = P.; Bewerberin = B.)

Ü 9 Bei Vorgangsbeschreibungen kommt es nicht auf die handelnde Person an. Deshalb werden Vorgangsbeschreibungen meist im Passiv verfasst: Ändern Sie diese Auszüge aus einer Spielanleitung zum Mühle-Spiel in dieser Weise um:

Für das Mühle-Spiel benutzen wir runde Steine in zwei Farben – meist weiße und schwarze. Nach dem Setzen aller Steine ziehen wir abwechselnd einen Stein auf der Linie bis zum nächsten Schnittpunkt. So bilden wir möglichst eine Mühle. Zwei auf diese Weise nebeneinander liegende Mühlen nennen wir Zwickmühle. Jedes Mal, wenn wir eine Mühle gebildet haben, nehmen wir dem gegnerischen Spieler einen beliebigen Stein weg, jedoch keinen Stein aus seiner Mühle. Jeder versucht, dem Gegner die Bildung einer Mühle zu vereiteln. Sobald wir nur noch drei Steine haben, springen wir auf einen beliebigen Schnittpunkt, um eine Mühle zu bilden bzw. die Bildung einer gegnerischen Mühle zu verhindern.

Ü 10 Konjugation des Verbs: Bilden Sie das Präteritum folgender Präsensformen:

du fliehst	sie haben	es klingt	ihr leidet	sie laufen	wir wiegen
du ziehst	sie graben	ich schenke	ihr meidet	er erschreckt	wir siegen
es sinkt	sie schaben	ich versenke	ihr kleidet	er verdeckt	sie hält
es blinkt	wir gehen	ich denke	ihr unterscheidet	sie flechten	sie fällt
es singt	wir sehen	wir liegen	sie raufen	sie hechten	es rennt
es stinkt	wir stehen	wir biegen	sie ersaufen	es pennt	

Ü 11 In der folgenden Übung sollen die Partizipien I und II wie Adjektive verwendet werden. Finden Sie das jeweils richtige Partizip und schließen Sie damit die Lücke.

1. Eine __________ Dürre ließ das Getreide vertrocknen.
2. Der Unbekannte kam __________ die Treppe herauf.
3. Mein Bruder reagierte __________ auf den Vorschlag unserer Eltern.
4. Die Museumsbesucher unterhielten sich mit __________ Stimme.
5. Plötzlich lachten alle __________.
6. Die Eltern wiegten das __________ Baby __________ in den Schlaf.
7. Nach dem Spielen kam er arg __________ nach Hause.
8. __________ wiesen wir die Verdächtigung zurück.
9. Weil du __________ nörgelst, nervst du.
10. Er schob die Schubkarre __________ zwischen die Büsche.
11. Kaffee ist ein __________ Getränk.
12. __________ marschieren, __________ schlagen!
13. Er fühlte sich __________ und __________.
14. Beim Einsteigen in den Bus sind __________ Schüler eine Belastung für __________ Fahrgäste.
15. Die __________ Reaktion auf sein __________ Verhalten war erfolgreich.
16. Der Film hinterließ einen __________ Eindruck.
17. Ihre Art wirkt sehr __________ und dadurch sympathisch.
18. Im mehrmals __________ Zimmer roch es immer noch nach __________ Zigarettenqualm.
19. Sie kehrten __________ zurück.
20. „Gilt das als __________?", wollte mein Freund wissen.

abgemacht, abwechselnd, anhaltend, anmaßend, anregend, begeistert, bleibend, dauernd, drängelnd, empört, enttäuscht, erfrischend, erkaltet, erleichtert, gedämpft, gelüftet, geschickt, getrennt, keuchend, mitreisend, verabredet, vereint, verkauft, verletzt, verraten, weinend

1.3 Das Adjektiv (Eigenschaftswort)

Herr K. hat ein Lieblingstier, den Elefanten, und begründet dies so: Der Elefant vereint List und Stärke. Das ist nicht die kümmerliche List, ... sondern die List, welcher die Stärke für große Unternehmungen zur Verfügung steht. Wo dieses Tier war, führt eine breite Spur. Dennoch ist es gutmütig. ... Es ist ein guter Freund, wie es ein guter Feind ist. Sehr groß und schwer, ist es doch auch sehr schnell. ... Er wird auch sehr alt. Er ist auch gesellig, und dies nicht nur zu Elefanten. ... Er ist grau und fällt nur durch seine Masse auf. Er ist nicht essbar.

(nach: Lust am Lachen. Piper. München und Zürich 1990, S. 351)

36 Adjektive bezeichnen **Merkmale und Zustände** von Personen, Sachen und Vorgängen.

37 Adjektive können sowohl Substantive als auch Verben näher bestimmen:

*eine **glaubwürdige** Erklärung* → Attribut (siehe 137) (Was für eine Erklärung?)

*die Erklärung ist **glaubwürdig*** → Prädikatsnomen (siehe 128) (Wie ist die Erklärung?)

*die Erklärung klingt **glaubwürdig*** → Adverb (siehe 58 f.) (Wie klingt die Erklärung?)

38 Als nähere Bestimmung eines Verbs (Prädikatsnomen oder Adverb) bleibt das Adjektiv **unverändert**:

ist *gesund;* lebt *gesund*

39 Als nähere Bestimmung eines Substantivs/Nomens (Attribut) wird das Adjektiv stark oder schwach **dekliniert (gebeugt)**:

*eine **gesunde** Lebensweise; mit einer **gesunden** Lebensweise*

40 Die **Partizipien I und II** (siehe 15, 16) können wie Adjektive verwendet werden:

*eine **enttäuschende** Leistung*
*ein **verletzendes** Wort*
→ Partizip I

*die **enttäuschten** Zuschauer*
*der **verletzte** Spieler*
→ Partizip II

Viele ursprüngliche Partizipien werden heute nur noch als Adjektive aufgefasst: *ein* ***ausgezeichneter*** *Stoff; das* ***entzückende*** *Kleid; ein* ***entschlossener*** *Käufer; ein* ***verschwiegenes*** *Plätzchen*

41 Adjektive und Partizipien können **„substantiviert"** werden, d. h. sie können ein Substantiv werden, das aber wie ein Adjektiv dekliniert wird:

das ***Gesunde****; für alle* ***Blonden****; viele* ***Reisende****; Bücher für* ***Blinde***

42 Die **Deklination (Beugung) des Adjektivs** ist in Geschlecht, Fall und Zahl (Genus, Kasus, Numerus) vom Bezugswort abhängig:

Singular (Einzahl)

		mit bestimmtem Artikel	mit unbestimmtem Artikel	ohne Artikel
Nom.	männl.	de**r** dicht**e** Nebel	ein dicht**er** Nebel	dicht**er** Nebel
	weibl.	die kühl**e** Nacht	eine kühl**e** Nacht	kühl**e** Nacht
	sächl.	da**s** hell**e** Licht	ein hell**es** Licht	hell**es** Licht
Gen.	männl.	de**s** dicht**en** Nebels	eine**s** dicht**en** Nebels	dicht**en** Nebels
	weibl.	de**r** kühl**en** Nacht	eine**r** kühl**en** Nacht	kühl**er** Nacht
	sächl.	de**s** hell**en** Lichtes	eine**s** hell**en** Lichtes	hell**en** Lichtes
Dat.	männl.	de**m** dicht**en** Nebel	eine**m** dicht**en** Nebel	dicht**em** Nebel
	weibl.	de**r** kühl**en** Nacht	eine**r** kühl**en** Nacht	kühl**er** Nacht
	sächl.	de**m** hell**en** Licht	eine**m** hell**en** Licht	hell**em** Licht
Akk.	männl.	de**n** dicht**en** Nebel	eine**n** dicht**en** Nebel	dicht**en** Nebel
	weibl.	die kühl**e** Nacht	eine kühl**e** Nacht	kühl**e** Nacht
	sächl.	da**s** hell**e** Licht	ein hell**es** Licht	hell**es** Licht

Mit Artikel werden Adjektive in allen drei Geschlechtern schwach dekliniert.

Ausnahme: Nach der Form *ein* des unbestimmten Artikels (= Nom. Sing. männl. und Nom. + Akk. Sing. sächl.) rückt die Endung des bestimmten Artikels zum Adjektiv:

der neue Wagen → *ein neuer Wagen*
das ferne Ziel → *ein fernes Ziel*

Fehlt der Artikel, so rücken die Artikel-Endungen zum Adjektiv

Ausnahme: Genitiv Singular bei männlich und sächlich

ein Strahl ***kalten*** *Wassers,*
ein Strahl ***hellen*** *Lichtes*

		Plural		
Nom.	männl.	die dicht**en** Nebel		dicht**e** Nebel
	weibl.	die kühl**en** Nächte		kühl**e** Nächte
	sächl.	die hell**en** Lichter		hell**e** Lichter
Gen.	männl.	der dicht**en** Nebel		dicht**er** Nebel
	weibl.	der kühl**en** Nächte		kühl**er** Nächte
	sächl.	der hell**en** Lichter		hell**er** Lichter
Dat.	männl.	den dicht**en** Nebeln		dicht**en** Nebeln
	weibl.	den kühl**en** Nächten		kühl**en** Nächten
	sächl.	den hell**en** Lichtern		hell**en** Lichtern
Akk.	männl.	die dicht**en** Nebel		dicht**e** Nebel
	weibl.	die kühl**en** Nächte		kühl**e** Nächte
	sächl.	die hell**en** Lichter		hell**e** Lichter

43 **Mehrere zusammengehörende Adjektive** vor einem Substantiv erhalten dieselbe Endung:

*der **starke warme** Wind; einer **schönen guten** Fee; durch **feinen heißen** Sand*

Nominativ Dativ Akkusativ

44 **Adjektive bei Eigennamen** erhalten die üblichen Endungen:

*das Titelbild der „**Neuen** Illustrierten"; ein Essen im „**Schwarzen** Adler"*

Sollen die Adjektive bei Eigennamen ungebeugt stehen, so muss eine geeignete Bezeichnung davor stehen (Zeitschrift, Gaststätte ...):

*das Titelbild der Zeitschrift „**Neue** Illustrierte";*
*ein Essen in der Gaststätte „**Schwarzer** Adler"*

45 Einige **Präpositionen** (Verhältniswörter) (siehe **98**) können mit dem bestimmten Artikel verschmelzen (*an – am – ans; bei – beim; von – vom; in – im – ins; zu – zum – zur)*

Präposition mit Artikel verschmolzen:	Präposition ohne Artikel:
*im (= in dem) **tiefen** Wasser*	*in **tiefem** Wasser*
*ins (= in das) **tiefe** Wasser*	*in **tiefes** Wasser*
*am (= an dem) **steilen** Ufer*	*an **steilem** Ufer*
*zur (= zu der) **lauten** Musik*	*zu **lauter** Musik*
↙	↘
Adjektiv wird wie mit Artikel dekliniert (siehe **42**, linke Spalte)	die Endungen des fehlenden Artikels rücken zum Adjektiv (siehe **42**, rechte Spalte)

46 Die **Steigerung (Komparation)** ist nur beim Adjektiv möglich. Durch einen Vergleich werden Beziehungen hergestellt:

Superlativ (Meiststufe, Höchststufe)	**älteste**	*das **älteste** Haus*
Komparativ (Mehrstufe)	**älter** (Vergleichswort: *als*)	*Der Baum ist **älter** als das Haus.*
Positiv (Grundstufe)	**alt** (Vergleichswort: *wie*)	*Das Tor ist so **alt** wie das Haus.*

47 Der **Komparativ** (Mehrstufe) wird durch die Endung *-er* gebildet:
dick – dicker; hell – heller; tief – tiefer …

Bei Adjektiven mit dem Stammvokal *a*, *o* oder *u* kommt oft der Umlaut vor:
hart – härter; groß – größer; klug – klüger

48 Wenn man den Komparativ ohne Vergleichswort verwendet, kann er den Positiv (Grundstufe) sogar **abschwächen**:

*eine **längere** Reise = **kürzer** als eine lange Reise;*
*eine **größere** Summe = **weniger** als eine große Summe*

49 Der **Superlativ** (Meiststufe) wird durch die Endung *-st* oder *-est* gebildet:

dick – der dickste Stamm; hell – die hellste Lampe; tief – das tiefste Loch

Auch beim Superlativ kann bei den Stammvokalen *a*, *o* oder *u* der Umlaut auftreten:

warm – am wärmsten; hoch – am höchsten; dumm – am dümmsten

50 Einige Adjektive lassen sich von ihrer Bedeutung her **nicht steigern**:

mündlich; eisern; rechts; rechteckig; tot; leer …

51 Einige Adjektive werden **unregelmäßig gesteigert**:

gut – besser – am besten; nah – näher – am nächsten; hoch – höher – am höchsten (aber: der hohe Turm)

Auch bei einigen anderen Wortarten gibt es Beispiele für eine unregelmäßige Steigerung:

- bei Numeralien (Zahlwörter) (siehe **66** ff.): *viel – mehr – am meisten*
- bei Adverbien (Umstandswörter) (siehe **64**): *gern – lieber – am liebsten; oft – öfter/häufiger – am häufigsten; bald – eher – am ehesten*

52 Bei **zusammengesetzten Adjektiven** wird nur das zweite Glied gesteigert:

der ***tollkühnste*** *Sprung; die* ***altmodischste*** *Tracht; in* ***großzügigster*** *Weise*

53 Auch **Partizipien** (siehe **15**, **16**) können **gesteigert** werden, wenn sie wie Adjektive verwendet werden:

bedeutend – bedeutender – am bedeutendsten;
geeignet – geeigneter – am geeignetsten

54 Bei Adjektiven auf *-en* und Partizipien auf *-end* und *-en* treten **Schwierigkeiten bei der richtigen Schreibung** des Superlativs auf:

selten – seltensten;	*blendend – blendendsten;*	*erfahren – erfahrensten*
(Adjektiv)	(Partizip I)	(Partizip II)

Hier schreibt man zuerst die Grundstufe und fügt dann die Superlativendung an.

55 Die Bedeutung des Superlativs kann auch **ersetzt** werden durch:

Zusammensetzungen mit einem passenden Vergleichswort:

*ein **spindeldürrer** Baum;*
***abgrundtiefe** Verzweiflung;*
*ein **samtweiches** Fell;*
***turmhoch** überlegen sein;*
***leichenblass** aussehen;*

Adjektive mit superlativischer Bedeutung:

*ein **ungeheurer** Brand;*
*eine **mächtige** Welle;*
*ein **riesiges** Tier;*
*ein **großartiger** Erfolg;*
*das Essen war **vorzüglich;***

56 Der Superlativ ist durch zu häufigen, oft ungerechtfertigten Gebrauch **entwertet**. Das betrifft auch superlativische Beiwörter wie:

sehr; höchst; super

Beispiele: *die **schönste** Frau der Welt; der **bestangezogene** Mann;*
einmalig schön; wahnsinnig schnell;

57 Adjektive ohne Deklination werden **nicht gesteigert**:

lila; rosa; beige …

Ü 12 Im folgenden Text sind Adjektive als Attribute, Adverbien oder Prädikatsnomen (siehe 128) verwendet worden.
Ermitteln Sie alle Adjektive und ordnen Sie sie nach den drei Gruppen. Schreiben Sie das jeweilige Bezugswort auch heraus.
(Partizipien, die in einer zusammengesetzten Zeitform das Prädikat eines Satzes bilden, gehören nicht in diese Analyse.)

Optimisten haben ein stärkeres Immunsystem als Pessimisten. Sie suchen seltener Ärzte auf und haben nur halb so häufig eine Erkältung wie pessimistische Vergleichspersonen. Optimismus ist angenehm und Optimisten fühlen sich sicher. Optimisten steigen nicht so schnell aus dem Ring. Wie kommt das? Sie verfolgen ihre eigenen Ziele hartnäckig und sind davon überzeugt, dass sie eine Situation kontrollieren. Der Glaube an die eigene Macht verknüpft sich manchmal mit dem Glauben an die helfende Macht Gottes oder des Schicksals. Diese Überzeugung, höhere Mächte würden sich um uns kümmern, ermöglicht ihnen eine positive Antwort auf die Frage nach dem Sinn des Lebens. Ein Anhänger der Evolutionstheorie könnte jetzt fragen: Ist derjenige, der glaubt, das Leben ist ohne Sinn und man selbst sei bedeutungslos, besser an die Umwelt angepasst als derjenige, der glaubt, er sei der Star in einem wichtigen Schauspiel?

Attribute	Adverbien	Prädikatsnomen
stärkeres Immunsystem	seltener aufsuchen	haben häufig
⋮	⋮	⋮

Ü 13 Wie oder als! Beachten Sie auch die Kommasetzung (2 Kommas); (siehe 153 ff.)

Regel: *wie* – wenn das im Vergleich verwendete Adjektiv im Positiv steht
als – wenn das Adjektiv im Komparativ steht

1. Ich lese so lange ______ du.
2. Unsere diesjährige Urlaubsreise dauerte länger ______ die im vergangenen Jahr.
3. Wenn man sehr beschäftigt ist, vergeht die Zeit schneller ______ Zeiten ohne Beschäftigung.
4. Eine Tankfüllung im PKW meines Vaters reicht länger ______ für die Fahrt zu meinen Großeltern notwendig ist.
5. Ich kann so schnell laufen ______ mein kleiner Bruder mit dem Fahrrad fährt.
6. Nichts ist für mich langweiliger ______ Gartenarbeit.
7. Aber meinem Onkel, der Gärtner ist, gefällt nichts so sehr ______ Gartenarbeit.
8. Manche Speisen kann ich fast so gut kochen ______ mein Bruder, der gelernter Koch ist.
9. Aber besser ______ wir beide kocht meine Großmutter.

1.4 Das Adverb (Umstandswort)

Gestern schien es lange so, als könnten sie den Motor dort hinten doch wieder starten, heute allerdings sah es ganz aussichtslos aus. Inzwischen war es sehr heiß geworden. Sie mussten die Arbeiten deswegen oft völlig abbrechen. Trotzdem gaben sie die Hoffnung nicht auf. Vielleicht, wahrscheinlich sogar, handelte es sich nicht um einen besonders komplizierten Fehler.

58 Adverbien bezeichnen die **Umstände eines Geschehens oder Zustandes** (also Ort, Zeit, Art und Weise, Grund, Folge, Bedingung). Adverbien sind Umstandsbestimmungen **in einem Wort**. Sie sind **unveränderlich**.

da; hier; bald; jetzt; deswegen; trotzdem; besonders; fast …

59 Das Adverb kann gehören:

- zu einem Verb
  kaum sprechen
- zu einem Adjektiv
  ein besonders komplizierter Fehler
- zu einem Adverb
  heute allerdings
- zu einem Substantiv
  den Motor dort hinten

60 Es werden folgende **Arten der Adverbien** unterschieden:

- Lokaladverbien: Adverbien des **Ortes**
  (Fragen: Wo? Wohin? Woher?)
  da; daher; dort; dorthin; hier; hierher; vorn; links; oben; vorwärts; überall …
- Temporaladverbien: Adverbien der **Zeit**
  (Fragen: Wann? Seit wann? Bis wann? Wie lange? Wie oft?)
  jetzt; bald; niemals; jemals; einst; immer; neulich; oft; gestern; abends; zeitlebens; tagelang …
- Kausaladverbien: Adverbien des **Grundes**
  (Fragen: Warum? Weshalb? Weswegen? Wozu?)
  daher; darum; deswegen; andernfalls; gleichwohl; mithin; trotzdem …
- Modaladverbien: Adverbien der **Art und Weise**
  (Frage: Wie?)
  besonders; fast; sehr; so; zusammen; ziemlich; kaum; beinahe; ganz; völlig; nicht; doch …

61 Es gibt Adverbien,

- die den **Gültigkeitsgrad einer Aussage** kennzeichnen:
  allerdings; doch; freilich; keineswegs; nicht; sicherlich; vielleicht …
- die eine **gefühlsmäßige Beteiligung** ausdrücken:
  erstaunlicherweise; bedauerlicherweise; unglücklicherweise; hoffentlich; leider …
- die ein **Maß** kennzeichnen:
  ziemlich; ganz; kaum; beinahe; völlig …

62 Nach der **Form** unterscheiden wir

von anderen Wortarten **abgeleitete** (siehe 115 ff.)
flugs; anfangs; links
(= erstarrter Genitiv von Substantiv und Adjektiv)

zusammengesetzte (siehe 115 ff.)
daher; woher (Adverb + Adverb)
mitunter; voraus (Präposition + Präposition)
beizeiten; zuweilen (Präposition + Substantiv)
darauf; daran (Pronomen + Präposition)

63 Sämtliche Adjektive und Partizipien können als Adverbien stehen (= **Adjektivadverbien**):

*Der Elektriker arbeitet **sorgfältig**.*
Adjektivadverb beim Prädikat

*Die Beleuchtung ist **ungewöhnlich** hell.*
Adjektivadverb beim Prädikatsnomen

*Der Elektriker kommt **voraussichtlich** morgen.*
Adjektivadverb beim Adverb

64 Einige Adverbien sind **steigerungsfähig**.

Meist werden sie unregelmäßig gesteigert:
oft – öfter(s) – am häufigsten; viel – mehr – am meisten (meistens, meist); gern – lieber – am liebsten; …

65 Zu den **Schwierigkeiten** bei der Verwendung von Adverbien gehören:

a) Verwendung von *scheinbar*: *Die Sonne dreht sich* ***scheinbar*** *um die Erde.*

(nicht wirklich; erscheint nur so; in Wirklichkeit dreht sich die Erde um die Sonne)

aber: *Das hast du* ***anscheinend*** *vergessen.*

(vermutlich; es hat den Anschein; man weiß es nicht genau)

(falsch: *Das hast du ~~scheinbar~~ vergessen.*)

b) unnötige oder falsche Doppelung:

Es war ~~bereits~~ schon dunkel.
Wir konnten ~~lediglich~~ nur wenige Meter weit sehen.

c) Verwendung von Adverbien in der Form von Adjektiven:

ein **~~durcher~~** Käse richtig: der Käse ist durch(gereift)
ein **~~aufes~~** Fenster richtig: das Fenster stand auf (besser: offen)

d) Trennung von Adverbien – mundartlich noch möglich, im Schriftdeutschen falsch:

Da wussten wir nichts von. richtig: Davon wussten wir nichts.
Da kommt nichts bei raus. richtig: Dabei kommt nichts raus.

Ü 14 In dieser Wörterschlange finden Sie Substantive, Artikel, Verben, Adjektive und Adverbien. Ordnen Sie die Einzelwörter nach Wortarten in einer Tabelle. Sie können darüber hinaus die gefundenen Adverbien als lokale, temporale, modale oder kausale (siehe **60**) kennzeichnen.

REDENEINSTSAMENEINEHEILENKLARRICHTIGHAUSDAHERBESONDERSDERRETTER BLATTSAMMELNRECHTSHELLDREHENOFTSTRAMPELNHALTBARDIENACHMITTAGSLEXI KONHIERHOLZVORNZUSAMMENEINSAMMUSIKRUDERNSOLEISENEULICHRADEINBLAU SINGENUNTENDASRÜCKWÄRTSCOMPUTERMAUSFEIGEBALDREISENOCHAMSELTRIN KENINSEL

Ü 15 Im folgenden Text sind Wortgruppen gekennzeichnet, die man durch ein Adverb ersetzen kann. Die geeigneten Adverbien sind in alphabetischer Reihenfolge unter dem Text angegeben.

Katzen sind in dieser Zeit die beliebtesten Haustiere bei uns. Da sie kaum Lärm wie Hunde machen, sind sie in besonderem Maße auch für Mehrfamilienhäuser geeignet. Sie müssen nicht nach draußen wenn sie auf diese Weise erzogen worden sind. Ihre Toilette muss zu jedem Zeitpunkt sauber sein. Im anderen Fall vermeiden Katzen die Benutzung der Toilette und können aus diesem Grund schwere Blasen- und Darmerkrankungen erleiden. Zum allgemeinen Leidwesen denken einige Katzenhalter nicht daran, dass bei einem einzeln gehaltenen Tier, wenn es den ganzen Tag allein bleiben muss, aus Einsamkeit Verhaltensstörungen auftreten können.

besonders; deshalb; heute; hinaus; immer; leider; sonst, immer; tagein/tagaus

1.5 Das Numerale (Zahlwort)

„Fünfzig Jahre bin ich alt, ein halbes Jahrhundert. Nächstes Jahr werde ich das einundfünfzigste vollenden." So konnte er sein Alter für die nächsten fünf Jahre berechnen. „So wenig Zeit bleibt mir", dachte er, „und so viel ist noch zu tun."

66 **Grundzahlwörter** (Kardinalzahlen) bezeichnen eine Anzahl oder Menge. Sie bleiben ungebeugt (unflektiert):
→ *die **vier** Bandmitglieder; **sechzig** Fahrgäste …*

67 **Ordnungszahlen** (Ordinalzahlen) benennen einen bestimmten Platz oder Rang in der Reihe.
Sie werden wie Adjektive dekliniert:
→ *der **erste** Mensch; dem **hundertsten** Besucher …*

68 Man kann Grund- und Ordnungszahlen als exakte Zahlbegriffe auch **als Ziffern** schreiben.

69 Eine **Einteilung** der Numeralien nach ihrer Zugehörigkeit zu den einzelnen Wortarten ist möglich:

Zahlsubstantive	Zahladverbien	Zahladjektive bestimmte	Zahladjektive unbestimmte	Indefinitpronomen
die Drei; die Sieben; zwei Drittel; eine Million; das Paar	*drittens; neuntens; dreimal; neunmal*	*drei; sieben; der dritte Platz*	*andere; einzelne; viele*	*alle, etwas, nichts*

= bestimmte Numeralien (Zahlsubstantive, Zahladverbien, bestimmte Zahladjektive)

= unbestimmte Numeralien (unbestimmte Zahladjektive, Indefinitpronomen)

Die Deklination der Numeralien richtet sich in der Regel nach der Wortart, zu der sie jeweils gehören.

70 Nach einer **anderen Einteilung** lassen sich Numeralien so ordnen:

Grundzahlen	**Ordnungszahlen**	**Bruchzahlen**	**Vervielfältigungszahlen**	**Wiederholungszahlen**	**Gattungszahlen**	**ordnende Zahladverbien**
eins; zwei; hundert	*der Erste; der Zweite; der Hundertste*	*ein Drittel; ein Viertel; ein Zwanzigstel*	*einfach; zweifach; mehrfach*	*einmal; zweimal; manchmal*	*einerlei; zweierlei; allerlei*	*erstens; zweitens; fünftens*

Nach einer anderen Auffassung werden die Numeralien zu den Adjektiven gezählt.
Die zu den Substantiven, Adverbien oder Pronomen zählenden Zahlwörter werden dabei den entsprechenden Wortarten zugeordnet.

Ü 16 Manchmal ist es notwendig, Zahlen als Wort zu schreiben, z. B. auf einem Scheck. Üben Sie das an folgenden Beispielen: 43; 97; 832; 1101; 6483; 101010.

1.6 Das Pronomen (Fürwort)

Wer ist das? Was für ein merkwürdiges Wesen. „Bist du schon lange hier?“ Er antwortet nicht. Dieses Wesen liegt auf meinem Platz unter dem Baum, der neben dem Eingang wächst. Man müsste näher herangehen, um es genauer zu betrachten. Aber niemand hat den Mut. Das Wesen räkelt sich auf jene aufreizende Weise, welche aus reichlich Selbstsicherheit entsteht und auf andere keine Rücksicht nimmt. Ich beschließe nun, irgendwie seine Aufmerksamkeit zu erregen.

71 Als Pronomen werden verschiedene Arten von **Stellvertretern und Begleitern** des Substantivs/Nomens zusammengefasst.
In dieser Gruppe gibt es nicht ständig Neubildungen.

72 Die Pronomen werden in **folgende Arten** eingeteilt:

Personalpronomen (persönliches Fürwort)	**Possessivpronomen (besitzanzeigendes Fürwort)**	**Reflexivpronomen (rückbezügliches Fürwort)**	**Demonstrativpronomen (hinweisendes Fürwort)**	**Relativpronomen (bezügliches Fürwort)**	**Interrogativpronomen (Fragefürwort)**	**Indefinitpronomen (unbestimmtes Fürwort)**
ich, du, er, sie, es, wir, ihr, sie	*mein, dein, sein, ihr, sein, unser, euer, ihr*	*ich ← mich* *du ← dich* *er ← sich* *wir ← uns* *ihr ← euch*	*dieser, diese, dieses; jener, jene, jenes; derselbe; dieselbe; dasselbe*	*der, die, das; welcher, welche, welches, was*	*wer? was? welcher? welches? was für ein?*	*man; jemand; niemand; mancher; etwas; kein*

73 Die **Personalpronomen** werden im Singular und Plural dekliniert:

		Nominativ	Genitiv	Dativ	Akkusativ	
Singular	1. Person	ich	meiner	mir	mich	**– sprechende Person**
	2. Person	du	deiner	dir	dich	**– angesprochene Person**
	3. Person	er	seiner	ihm	ihn	
		sie	ihrer	ihr	sie	**– der/das Besprochene**
		es	seiner	ihm	es	
Plural	1. Person	wir	unser	uns	uns	**– sprechende Personengruppe**
	2. Person	ihr	euer	euch	euch	**– angesprochene Personengruppe**
	3. Person	sie	ihrer	ihnen	sie	**– die Besprochenen**

74 Die **Höflichkeitsanrede** lautet wie die 3. Person Plural.
Sie wird immer großgeschrieben:

Ich wende mich mit einer Anfrage an ***Sie****. Ich danke* ***Ihnen*** *für* ***Ihre*** *Auskunft.*
Sie *haben mir sehr geholfen.*

75 Das Personalpronomen ***es*** wird auch auf andere Weise verwendet (siehe auch 135):

- „Es" kann ein Adjektiv oder ganze Satzteile vertreten:
  *Längere Arbeit am Computer ist **anstrengend**, Musik hören jedoch ist **es** nicht.*
  *Der Fernseher lief **sehr laut**, man konnte **es** kaum ertragen.*

- „Es" steht in Sätzen als formales Subjekt:
  ***Es** schneit, **es** ist Sommer.*
  ***Es** donnert, **es** klingelt …*

76 Das **Possessivpronomen** (besitzanzeigendes Fürwort) steht meist beim Substantiv.
Es hat wie ein Adjektiv die Funktion eines Attributs.
Possessivpronomen kennzeichnen, wem etwas gehört.
Jedem Personalpronomen entspricht ein Possessivpronomen (siehe 72):
mein, dein, sein, ihr, sein, unser, euer, ihr

77 Die **Deklinationsendungen der Possessivpronomen** entsprechen denen des unbestimmten Artikels (siehe 9):

mein Buch	*unser**e** Reise*	*dein**e** Brüder*
*mein**es** Buches*	*unser**er** Reise*	*dein**er** Brüder*
*mein**em** Buch*	*unser**er** Reise*	*dein**en** Brüdern*
mein Buch	*unser**e** Reise*	*dein**e** Brüder*

78 Stimmen **grammatisches und natürliches Geschlecht** nicht überein, können beide Possessivpronomen verwendet werden:
*Das Mädchen trifft **seinen/ihren** Freund.*

79 Umgangssprachlich wird der **Genitiv** durch eine Fügung mit der Präposition *von* ersetzt. Im Schriftdeutschen sollte dies vermieden werden:

statt: *das Auto* ***von meinem Bruder*** → *das Auto* ***meines Bruders***

(regelrecht falsch ist die Wendung: *~~meinem~~ Bruder ~~sein~~ Auto)*

80 Das **Reflexivpronomen** (rückbezügliches Fürwort) bezieht sich auf das Subjekt des Satzes zurück:

Ich freue ***mich****.* *Ihr trefft* ***euch****.* *Er kann* ***sich*** *dort gut erholen.* *Sie waschen* ***sich****.*

81 Das **Reflexivpronomen** lautet wie der Akkusativ des Personalpronomens, außer in der 3. Person Singular (er, sie, es) und Plural (sie): ***sich***

82 Das **Demonstrativpronomen** – das „Zeigewort" – weist im Redezusammenhang entweder zurück oder voraus:

Es war einmal ein kleines Mädchen. ***Das*** *hieß Rotkäppchen.*
Das *hat keiner erwartet, dass unsere Mannschaft gewinnt.*

- Es steht **wie ein Adjektiv** bei einer Person oder Sache:
  diese *Frau;* ***solche*** *Fenster;* ***jene*** *Bäume*

- Es deutet **wie ein Substantiv** auf eine Person oder Sache hin, ohne sie zu nennen:
  (Hier liegen Bücher.) ***Dieses*** *(hier) gehört mir.*

83 Die **ältesten und meistgebrauchten Demonstrativpronomen** sind *der, die, das.* Aus ihnen sind die Artikel und die Relativpronomen entstanden.

84 Der **Genitiv des Demonstrativpronomens** unterscheidet sich von dem des Artikels:

Singular						Plural	
männlich		**weiblich**		**sächlich**			
Art.	Demonstrativpronomen	Art.	Demonstrativpronomen	Art.	Demonstrativpronomen	Art.	Demonstrativpronomen
des	dessen	der	deren	des	dessen	der	deren/derer

Wir erinnern uns ***dessen/derer****.*

85 Bei Mehrdeutigkeit, d. h. bei **möglichen Missverständnissen**, muss der Genitiv des Demonstrativpronomens verwendet werden:

Udo traf seinen Freund und seinen Sohn. (wessen?)

Falls es sich um den Sohn des Freundes handelt: *... und **dessen** Sohn.*

86 Das Demonstrativpronomen ***derselbe, dieselbe, dasselbe*** wird nur im Sinne von *der / die / das* Gleiche eingesetzt:

*Gisela und Andreas wohnen in **demselben** Haus und besuchen **dieselbe** Schule.*

(falsch: Da liegt der Brief. *Ich las denselben.*)
(richtig: Ich las ihn.)

87 Die **Relativpronomen** (bezügliche Fürwörter) *der, die, das; wer, was* beziehen sich auf Personen- oder Sachbezeichnungen im übergeordneten Satz:

*Das ist ein Spiel, **das** viele Anhänger hat.*
*Hier sind Bilder ausgestellt, **die** preisgekrönt sind.*
*Der Preis, **der** dafür vergeben wurde, kommt dem Nachwuchs zugute.*
*Es gibt nichts, **was** ihn aufregen könnte.*

88 Das Relativpronomen ***was*** wird nur verwendet nach:

- etwas, nichts (= Indefinitpronomen): *Etwas, **was** Freude macht ...*
- alles, manches, viel, wenig (= Numerale): *Alles, **was** ich sagen kann ...*
- Superlativ sächlicher Adjektive: *Das Eindrucksvollste, **was** ich erlebt habe,*

89 Die Relativpronomen ***welcher, welche, welches*** wirken oft schwerfällig und werden deshalb wenig verwendet:

*Ich suche einen Freund, auf **welchen** man sich verlassen kann.*

Besser: *... einen Freund, auf **den** man sich verlassen kann.*

Allerdings ist bei Wortwiederholungen aus Gründen des guten Stils die Verwendung angebracht:

*Viele der Überlegungen, **die die** antiken griechischen Denker ausgesprochen haben, sind heute noch gültig.*

Besser: *... Überlegungen, **welche die** antiken griechischen Denker ...*

90 Relativpronomen werden auch in **Verbindung mit Präpositionen** verwendet. Dabei bestimmt die Präposition den Kasus des Relativpronomens:

*ein Film, **über den** alle reden;*
*die Sängerin, **nach der** sich alle umdrehen;*
*das Haus, **in dem** ich geboren bin;*
*Fenster, **durch die** die Sonne schien*

91 Statt **Relativpronomen *was* + Präposition (Präposition + *was*)** steht *wo + Präposition (wobei, wonach, worauf, worüber …):*

Vieles, ***worüber*** *wir uns gefreut haben, …*
Es gibt nichts, ***worauf*** *man sich freuen könnte.*
Für ihn war das Wichtigste, ***wonach*** *er auch sofort gefragt hat, …*

92 Das **Interrogativpronomen** (Fragefürwort) dient dazu, nach Personen oder Sachen oder nach ihrer Beschaffenheit zu fragen:

Wer *spricht?*
Was *ist das?* ***Was*** *hast du gesehen?*
Was für ein *Fahrzeug siehst du?*
Welche *Straße ist besser?*

93 Das Interrogativpronomen ***was für ein?*** muss als feste Wortgruppe verwendet werden, sonst kann der Sinn entstellt werden:

Was für ein *Buch gibst du mir? (ein gutes, ein neues, …)*
aber: *Was gibst du mir für ein Buch? (20 €, eine Zeitschrift …)*

94 Die Interrogativpronomen werden **dekliniert:**

	Singular			**Plural**
	männlich	**weiblich**	**sächlich**	
Nom.	welcher?	welche?	welches?	welche?
Gen.	welches?	welcher?	welches?	welcher?
Dat.	welchem?	welcher?	welchem?	welchen?
Akk.	welchen?	welche?	welches?	welche?
Nom.	was für ein(er)?	was für eine?	was für ein(s)?	
Gen.	was für eines?	was für einer?	was für eines?	
Dat.	was für einem?	was für einer?	was für einem?	
Akk.	was für einen?	was für eine?	was für ein(s)?	
Nom.	wer?		was?	
Gen.	wessen?		wessen? (wes?)	
Dat.	wem?		–	
Akk.	wen?		was?	

95 Das **Indefinitpronomen** (unbestimmtes Fürwort) bezeichnet eine oder mehrere unbestimmte Personen oder Sachen.

- Nur auf Personen beziehen sich: *man; jemand; jedermann; niemand; irgendwer; irgendeiner; irgendjemand; keiner; jeder*
- Nur auf Sachen beziehen sich: *etwas; irgendetwas; nichts; genug*

Das ist nicht ***jedermanns*** *Sache.*
Ist dort ***jemand****?*
Er hat ***etwas*** für mich.

Die Grenzen zwischen unbestimmtem Fürwort und unbestimmtem Zahlwort sind fließend.

Ü 17 Üben Sie mithilfe dieses Textes das Erkennen und Unterscheiden der sieben Arten von Pronomen (siehe **72**):

Kunst entsteht in einem künstlerischen Klima. Solche kulturellen Schmelztiegel sind New York, Paris, London, Köln und Berlin. Das sind Metropolen, in denen Schöpfergeist zu Hause ist. Doch eines Tages erschöpft sich die Kreativität. Was geschieht? Man nimmt an, dass die Moderne (die jüngste Kunstströmung) vorüber sei. Es werden verschiedene Stile wieder aufgegriffen. Sie werden geplündert, auch neu interpretiert. Junge Spanier, die aus der Region um Barcelona stammen, haben seit dem Ende der Franco-Diktatur zu neuem Selbstbewusstsein gefunden. Die neunziger Jahre dieses Jahrhunderts deuten an, dass osteuropäische Künstler ihre traditionellen Themen und Techniken mit Stilrichtungen des 20. Jahrhunderts mischen.
Das Wichtigste, was die Künstler heute beabsichtigen, ist das Auslösen von Stimmungen, wobei nicht die Aussage zählt.

Ü 18 In dieser Übung fehlen die Relativpronomen.

a) Schreiben Sie die Sätze ab und setzen Sie die Relativpronomen ein.
b) Zeichnen Sie einen Pfeil zum Bezugswort.
c) Bestimmen Sie den Fall des Relativpronomens.

1. Der Verkäufer half dem Kunden, ______ unentschlossen im Regal suchte, bei der Auswahl der Schrauben.
2. Die Kassiererin, mit ______ ein älterer Herr diskutierte, war ziemlich verärgert.
3. In der Altstadt befindet sich ein Turm, auf ______ man unbedingt steigen sollte.
4. Die Wanderer, ______ seit Stunden niemand begegnet war, freuten sich über unser Erscheinen.
5. Das Wichtigste für ihn, ______ er sofort gefragt hat, war die nächste Zugverbindung nach L.
6. Die Verantwortung, ______ man Haustieren gegenüber trägt, sollte niemand gering schätzen.
7. Im Dom fand ein Konzert statt, zu ______ Hunderte von Interessenten kamen.

Ü 19 Verbinden Sie beide Hauptsätze, indem Sie einen zusammengesetzten Satz formulieren, bei dem ein Teilsatz ein Relativsatz ist.
Denken Sie auch an die richtige Kommasetzung.

1. Das Hoch Klaus näherte sich von Skandinavien. Es brachte uns unbeständiges Wetter.
2. Die Zubringerstraßen für den Flughafen sind stark befahren. Der Flughafen liegt am Rande der Stadt.
3. Der Hersteller des neuen PKW konnte den Kraftstoffverbrauch deutlich senken. Der neue PKW findet großen Zuspruch.
4. Das Verschneiden der Hecke in unserem Garten ist eine zeitaufwändige Tätigkeit. Jedes Jahr übernimmt mein Vater diese Tätigkeit.
5. Die Doppelgarage an der Grundstücksgrenze hat eine günstige Ausfahrt. Deshalb beneiden uns die Nachbarn um diese Garage.
6. Vielleicht wird die Urlaubsreise doch noch sehr schön. Wir haben sie für September geplant.

Ü 20 Im folgenden Gedicht werden einige Indefinitpronomen verwendet.
Schreiben Sie sie heraus.

So mancher hier kennt wohl die Mär
von dem bekannten „irgendwer".
Er geht bei allen ein und aus,
fühlt sich bei jedem wie zu Haus',
der „irgendwer".

Wenn wo ein Glas in Stücke ging,
etwas am falschen Platze hing
oder total verschwunden ist,
dann war das – wie ihr alle wisst –
meist „irgendwer".

Er lässt sich oft auch anders nennen,
damit wir ihn nicht gleich erkennen.
Der nennt ihn „jemand" oder „einer",
ein anderer „viele", „einige", „keiner".

Ja, ja, er macht's uns wirklich schwer,
der „irgendwer".

1.7 Die Präposition (Verhältniswort)

Nach dem Bügeln sollte man immer den Stecker aus der Dose ziehen. Eine Spüle aus Edelstahl blitzt nach der Reinigung mit Kernseife. Für trockene Haut eignet sich frisch gepresster Karottensaft, der zum Einreiben auf einen Wattebausch gegeben wird. Damit die Tapeten beim Zuschneiden nicht verrutschen, befestigt man sie mit zwei Tischtuchklammern an jedem Ende des Tapeziertisches. Geben Sie Reste von Tapetenkleister in ein kleines Glas mit Schraubverschluss. Der echte Diamant funkelt unter Wasser genauso wie über Wasser.

96 Die Präpositionen drücken **räumliche, zeitliche oder andere Verhältnisse** der Wirklichkeit aus:

*Der Handwerker arbeitet **im** Haus.* *… **auf** dem Haus* *… **vor** dem Haus*	*räumliches (lokales) Verhältnis*
*Der Handwerker arbeitet **im** Sommer.* *… **seit** zwei Stunden* *… **am** Vormittag*	*zeitliches (temporales) Verhältnis*
*Der Handwerker arbeitet **mit** Eifer.* *… **unter** günstigen Bedingungen* *… **ohne** Plan*	*Verhältnis der Art und Weise (modales Verhältnis)*
*Der Handwerker arbeitet nicht **infolge** fehlenden Materials* *… **wegen** seiner Verletzung*	*Verhältnis des Grundes (kausales Verhältnis)*

97 Präpositionen sind **unveränderlich** (unflektierbar).

98 Präpositionen können **mit** einem bestimmten **Artikel verschmelzen**:

Präp.	**Art.**	**Verschmelzung**		**Art.**	**Präp.**
an		*am*	*ans*		*an*
bei		*beim*	*aufs*		*auf*
hinter		*hinterm*	*durchs*		*durch*
in		*im*	*fürs*		*für*
über	+ *dem*	*überm*	*hinters*	+ *das*	*hinter*
unter		*unterm*	*ins*		*in*
von		*vom*	*übers*		*über*
vor		*vorm*	*ums*		*um*
zu	+ *der*	*zum*	*unters*		*unter*
		zur	*vors*		*vor*

99 Es ist wichtig, die **richtige Präposition** zu setzen:

die Jagd < ***auf*** *Wild* / ***nach*** *Wild*

der Dank < ***für*** *die Spende* / ***aus*** *vollem Herzen* / ***an*** *den Spender*

100 Nach Präpositionen müssen Substantive und Pronomen **in einem bestimmten Fall** (Kasus) stehen (= Rektion der Präposition):

- *abseits, angesichts, anhand,*
  anlässlich, anstelle, mangels,
  hinsichtlich, aufgrund, um … willen,
  unweit, mittels, kraft und *während,*
  laut, vermöge, ungeachtet,
  oberhalb und *unterhalb,*
  innerhalb und *außerhalb,*
  diesseits, jenseits, halber, wegen,
  (an)statt, längs, zufolge, trotz

  stehen mit dem **Genitiv** oder auf die Frage Wessen?

  wegen, längs, zufolge, trotz können auch mit Dativ verwendet werden

  diesseits *der Alpen;* ***trotz*** *des Verbots*

- *mit, nach, nächst, neben, samt,*
  bei, seit, von, zu, zuwider,
  entgegen, gegenüber, außer, aus
  schreib stets mit **Dativ** nieder

  mit *dir;* ***gegenüber*** *dem Bahnhof;* ***von*** *den Eltern*

- *durch, für, ohne, um,*
  sondern, gegen, wider
  schreib mit dem **Akkusativ**,
  nie mit dem Dativ nieder.

  Um *den Garten;* ***durch*** *den Fluss;* ***ohne*** *mich*

- *an, auf, hinter, neben, in,*
  über, unter, vor und *zwischen*
  stehen mit dem **Akkusativ**,
  wenn man fragen kann: **Wohin?**
  Mit dem **Dativ** stehen sie so,
  dass man nur kann fragen: **Wo?**

  Sie geht ***vor*** *das Haus. – Sie steht* ***vor*** *dem Haus.*
  Er klettert ***auf*** *das Dach. – Er sitzt* ***auf*** *dem Dach.*

101 Umständliche und veraltete Präpositionen, die zum **Kanzleistil** gehören, ersetzt man durch einfache Präpositionen.

Nicht:	**Sondern:**
1. angesichts dieses Tatbestands	da die Dinge so liegen
2. betreffs Ihrer Anfrage	wegen Ihrer Anfrage, auf Ihre Anfrage hin
3. bezüglich Ihrer Bestellung	wegen Ihrer Bestellung, oder: wir beziehen uns auf …
4. hinsichtlich dieser Frage	zu dieser Frage
5. mangels besserer Einsicht	da es an besserer Einsicht fehlt
6. mittels eines Drahts	mit einem Draht (noch schlechter: vermittels)
7. ungeachtet seiner Verdienste	trotz seiner Verdienste
8. zufolge deinem Vorschlag	gemäß, nach deinem Vorschlag
9. zwecks Erlernung einer Fremdsprache	um eine Fremdsprache zu lernen

Dennoch ist die Eindeutigkeit einer Aussage wichtiger:

Die Reparatur ist ***in*** *vier Wochen auszuführen.*

innerhalb *oder* ***nach****?*

102 Man sollte **vermeiden, Präpositionen nebeneinander** zu verwenden:

- nicht:

  mit vor *Glück versagender Stimme*

  ein Teilnehmerfeld ***von über*** *100 Läufern*

- sondern:

  mit *einer Stimme, die* ***vor*** *Glück versagte*

  ein Teilnehmerfeld ***von*** *mehr als 100 Läufern*

- wenn beide Präpositionen verschiedene Fälle regieren,

  das Substantiv in beiden Fällen die **gleiche Form** hat:

  nicht:

  mit *und* ***ohne*** *die Erlaubnis*

  sondern:

  mit *und* ***ohne*** *Erlaubnis*

  (Artikel vermeiden!)

  das Substantiv in beiden Fällen eine **unterschiedliche Form** hat:

  nicht:

  mit *und* ***ohne*** *Kinder*

  sondern:

  mit *Kindern und* ***ohne*** *Kinder*

  oder:

  mit *Kindern und* ***ohne*** *sie*

Ü 21 In den Redensarten und Sprichwörtern fehlen die Präpositionen.

a) Ergänzen Sie richtig. Einige Präpositionen sind mit dem Artikel verschmolzen.

b) Bestimmen Sie den Fall, den die jeweilige Präposition verlangt.
Muster: den Nagel **auf** den Kopf treffen; auf – Akkusativ

1. etwas ______ den Teppich kehren;
2. ______ zwei Stühlen sitzen;
3. ______ den Hühnern schlafen gehen;
4. jemandem Sand ______ die Augen streuen;
5. etwas ______ die rosarote Brille sehen;
6. wie die Faust ______ Auge passen;
7. die Katze ______ Sack kaufen;
8. das Blaue ______ Himmel lügen;
9. ______ den Hühnern aufstehen;
10. jemandem Honig ______ Maul schmieren;
11. ein Auge ______ jemanden werfen;
12. den Splitter ______ Auge des anderen sehen;
13. ______ dick und dünn gehen;
14. ______ den Stachel löcken;

auf, aufs, durch, durch, gegen, in, im, im, mit, mit, ums, unter, vom, zwischen

Ü 22 a) Ermitteln Sie im ersten Textteil die gesamte Wortgruppe, die mit einer Präposition beginnt und von ihr bestimmt wird. Schreiben Sie sie heraus.

b) Im zweiten Teil des Textes sind alle Wortgruppen, die eine Ortsangabe enthalten, ungeordnet am rechten Rand gesammelt.
Vervollständigen Sie die Sätze, indem Sie die richtigen Angaben ergänzen.

Gauguins Wanderleben führte ihn zu van Gogh nach Arles, nach Tahiti und auf die Marquesas-Inseln. Er erreichte neue Ausdruckswirkungen durch reine, in ihrer Leuchtkraft aufs äußerste gesteigerte Farben. In den Jahren 1886 bis 1889 reiste er häufig in die Bretagne und wird in dieser Zeit zum charakteristischen Vertreter der so genannten Schule von Pont-Aven. Während seiner dritten Reise zieht Gauguin mit anderen Malern von Pont-Aven nach Le Pouldu. Die Künstler wohnen im Gasthaus von Fräulein Henry. Im Speisezimmer finden wir ihre Bilder. Gauguins Bild findet sich in der oberen Türfüllung der Eingangstür zum Speisezimmer.

Auf dem Gemälde steht ___ eine Frauengestalt ___ ___. Sie wendet den Kopf ___ ___, in der wir die Gestalt eines Mannes sehen, der ___ zu läuft. ___ am Boden, ___ hindurch ist ein kleiner Hund oder eine Katze zu erkennen. ___ am linken dunkelblauen Bildhintergrund leuchtet ein helles Gebäude. Die Bäume recken ihre kahlen Stämme und Äste ___ heraus.

nach links; auf den Betrachter; am rechten Bildrand; zwischen ihnen; mit dem Rücken; auf einem Hügel; zum Betrachter; durch einige krumme Zaunstäbe; in die Bildmitte; aus dem oberen Bildrand

(Reproduktion: Paul Gauguin: Bonjour, Monsieur Gauguin.)

Ü 23 Ergänzen Sie die fehlenden Präpositionen und – wenn erforderlich – den Artikel:

1.8 Die Konjunktion (Bindewort)

Wenn sich Hirschhayder und seine Frau des Nachts in ihrem Zweifamilienhaus zur Ruhe betten, überlegen sie, ob sie ihr Leben sowie ihr Eigentum ausreichend geschützt haben. Bevor sie sich ins Bett legen, lehnen sie immer ein Bügelbrett oder eine Leiter gegen die Wohnungstür. Diese haben sie mit Christbaumschmuck behängt, so dass sie scheppernd umfällt, falls ein Einbrecher eindringt. Das Handy sowie ein Golfschläger liegen griffbereit neben dem Bett. Das Handy, damit sie Hilfe organisieren können, der Golfschläger, um als ultimativer Personenschutz zu dienen.

103 Konjunktionen **verbinden**

- Wörter: *klar **und** sonnig*
- Wortgruppen: *ein leichter, **aber** kühler Wind*
- Sätze: *Ich bleibe zu Hause, **denn** ich muss arbeiten.*
- Teilsätze: *Ich bleibe zu Hause, **weil** ich arbeiten muss.*

104 Konjunktionen sind **unveränderlich** (nicht flektierbar).

105 Konjunktionen werden eingeteilt in:

koordinierende Konjunktionen	**subordinierende Konjunktionen**
(bei-, nebenordnende Bindewörter)	(unterordnende Bindewörter)
aber, beziehungsweise (bzw.), denn, doch, jedoch, sowie, oder, und, sondern, das heißt (d. h.) …	*als, bis, indem, weil, dass, wenn, bevor, nachdem, obwohl …*

106 Koordinierende Konjunktionen verbinden gleichwertige/gleichrangige Wörter, Wortgruppen, Sätze miteinander:

- Einzelwörter:
  *Erwachsene **oder** Kinder*
- Wortgruppen:
  *in den Supermärkten **oder** in den kleinen Läden*
- Sätze gleichen Grades:
  *Sind wir einer Meinung(,) **oder** habt ihr Einwände?*
  (2 Hauptsätze)
  *…, weil das Instrument leicht zu spielen ist **und** (weil) es gut klingt.*
  (2 Nebensätze gleichen Grades)

Subordinierende Konjunktionen schließen Nebensätze an Hauptsätze an oder schließen Nebensätze unterschiedlichen Grades an (siehe 146):

*Er freute sich, **weil** er beim Sprung gesiegt hatte,*
(= Nebensatz 1. Grades)
***obwohl** er erkältet war.*
(= Nebensatz 2. Grades)

- Infinitivkonstruktionen, die Nebensätzen nahe kommen, werden eingeleitet durch: *ohne, statt, um*
  Wir nahmen uns Zeit, um die Ausstellung zu besichtigen.

107 **zweiteilige Konjunktionen**

entweder – oder, weder – noch, nicht (nur) – sondern (auch), sowohl – als auch/wie auch	*als dass, je – desto, so dass, ohne dass, außer dass, statt dass, als ob, als wenn, so wie*

108 Einige Konjunktionen können auch als eine **andere Wortart** auftreten:

Konjunktion	**Präposition**
*Warte, **bis** wir dich abholen.* ***Während** er euch besucht, …* *Ich traf meine Schwester **statt** meinen Bruder.* ↑ (Akkusativ wegen *treffen*)	***bis** heute, **bis** nächste Woche* ***während** seines Besuches* ***Statt** meines Bruders kam meine Schwester.*
	Fragewort (Frageadverb)
*Ich will wissen, **wie** es dir geht.*	***Wie** geht es dir?*
	Adverb
*Es regnete immer noch, **doch** das Wasser stieg nicht weiter.* ↑ Konjunktionen sind keine Satzglieder	*Es regnete, **doch** stieg das Wasser nicht weiter.*

109 Einige Rechtschreibfälle lassen sich nur klären, wenn die Zugehörigkeit zur Wortart ermittelt wird:

Konjunktion	**Präposition + Artikel**
*Man lernt, **indem** man Fehler berichtigt.* *Wir hören den Donner, **nachdem** es geblitzt hat.*	*Unsere Freunde leben **in dem** Haus.* ***Nach dem** Fahrplan fährt der Zug später.*
	Präposition + Relativpronomen
	*Das Haus, **in dem** sie wohnen, …* *Der Plan, **nach dem** wir uns richten, …*
*Ich weiß, **dass** er krank ist.*	Demonstrativpronomen ↓ Artikel ↓ Relativpronomen ↓ ***Das** ist **das** Buch, **das** der Junge verloren hat.* (= dies) (= welches) (siehe 159)

	Präposition	**Konjugationsform von *sein***
***Seit** die Ferien begonnen haben, …*	***seit** dem Schuljahresbeginn*	***Seid** nicht leichtsinnig.*

Ü 24 Im Eingangstext zu diesem Kapitel (1.7) sind einige Konjunktionen gekennzeichnet. Unterscheiden Sie sie nach koordinierenden und subordinierenden Konjunktionen.

Ü 25 Setzen Sie geeignete Konjunktionen an die gekennzeichneten Stellen.

Die ersten Olympischen Spiele fanden im Jahre 776 v. Chr. statt. _____ in entfernteren Regionen Kriege weitergeführt werden durften, herrschte in der Umgebung der Kultstätte des Zeus in Olympia Frieden. Nur Männer aus der nächsten Umgebung fanden sich dazu ein, _____ ihre Kräfte im sportlichen Wettkampf zu messen. 300 Jahre später sah es in Olympia ganz anders aus, _____ aus den kleinen örtlichen Spielen waren die bedeutendsten gesamtgriechischen Wettkämpfe geworden. Die besten Athleten _____ / _____ Tausende von Zuschauern aus ganz Griechenland strömten herbei. _____ es keine festen Häuser gab, schliefen sie in Zelten. _____ etwa um 460 v. Chr. ein riesiger Zeustempel als Säulenhalle erbaut worden war, wurde hier eine Statue des Zeus aufgestellt. Zeus saß auf einem Armsessel mit hoher Rückenlehne, _____ er heute nur noch auf antiken griechischen Münzen zu sehen ist. Mehr als 1100 Jahre lang erfuhren die Spiele nur eine einzige Änderung, die darin bestand, _____ die Sieger neben den Ölzweigen große Geldprämien gewannen. In christlicher Zeit, 393 n. Chr., wurden die Spiele verboten, _____ sie als heidnischer Kult aufgefasst wurden. Die olympische Anlage wurde im 2. Jh. n. Chr. bei einem Erdbeben schwer beschädigt. _____ sie später von Plünderern zerstört _____ nach Konstantinopel geschafft wurde und dort einem Brand zum Opfer fiel, ist ungewiss.

1.9 Die Interjektion (Ausrufewort)

110 Interjektionen gehören verschiedenen Wortarten an. Sie haben **Satzcharakter**, weil sie allein stehen und gesprochen werden können. Deshalb müssen Interjektionen durch Satzzeichen (Ausrufezeichen, Punkt, Komma) abgeschlossen werden.

Sie sind unveränderlich:
hallo, au(a), pfui, ja, nein, bitte, danke ...

111 Interjektionen können **Bedeutungsbereichen** zugeordnet werden:

- Antworten auf Entscheidungsfragen:

  (Wollen Sie die Ausstellung besuchen?) – Ja.
  (Wollen Sie die Ausstellung besuchen?) – Nein.
  (Wollen Sie die Ausstellung nicht besuchen?) – Nein.
  oder: – *Doch.*

- Ausdrücke für Bitte und Dank:
  - ***Bitte**, besuchen Sie die Ausstellung!*
  - *Besuchen Sie, **bitte**, die Ausstellung!*
  - *Besuchen Sie die Ausstellung, **bitte!***

  - *(Möchten Sie etwas trinken?) – **Danke!***
    *(Darf ich Ihnen helfen?) – **Danke!***

Hier treten Verständigungsprobleme auf, wenn die Begleitumstände nicht eindeutig sind (Kopfnicken, abwehrende Handbewegung, Betonung etc.). Um Eindeutigkeit zu erzielen, werden *Danke, ja!* oder *Danke, nein!* verwendet.

- Ausdrücke für Gefühle der Freude, des Schmerzes, des Ekels, des Erstaunens usw.:
  hurra, juchhe; au(a), o weh; pfui, igitt; ach, ach so, aha, nanu, o la la ...

112 Auch Substantive, Adjektive, Verben und Adverbien können **wie Interjektionen** gebraucht werden:

Achtung! Still! Halt! Unglaublich! Los!

Ü 26 Bestimmen Sie die Wortarten:

1. Das Prinzip der Mitflugzentralen ist ähnlich wie das der Autokollegen, denn es werden Kontakte zwischen Fluggast und Privatpilot hergestellt.
2. Pilot und Fluggast lernen sich schon vor dem Flug kennen, um Preis, Termin und Route zu vereinbaren.
3. Grundvoraussetzung ist natürlich, dass sich ein Flugpartner findet, der zur passenden Zeit die gewünschte Strecke fliegt.
4. Geflogen wird ausschließlich mit Kleinflugzeugen, in denen bis zu vier Personen Platz haben.

2 Die Wortbildung

Überblick

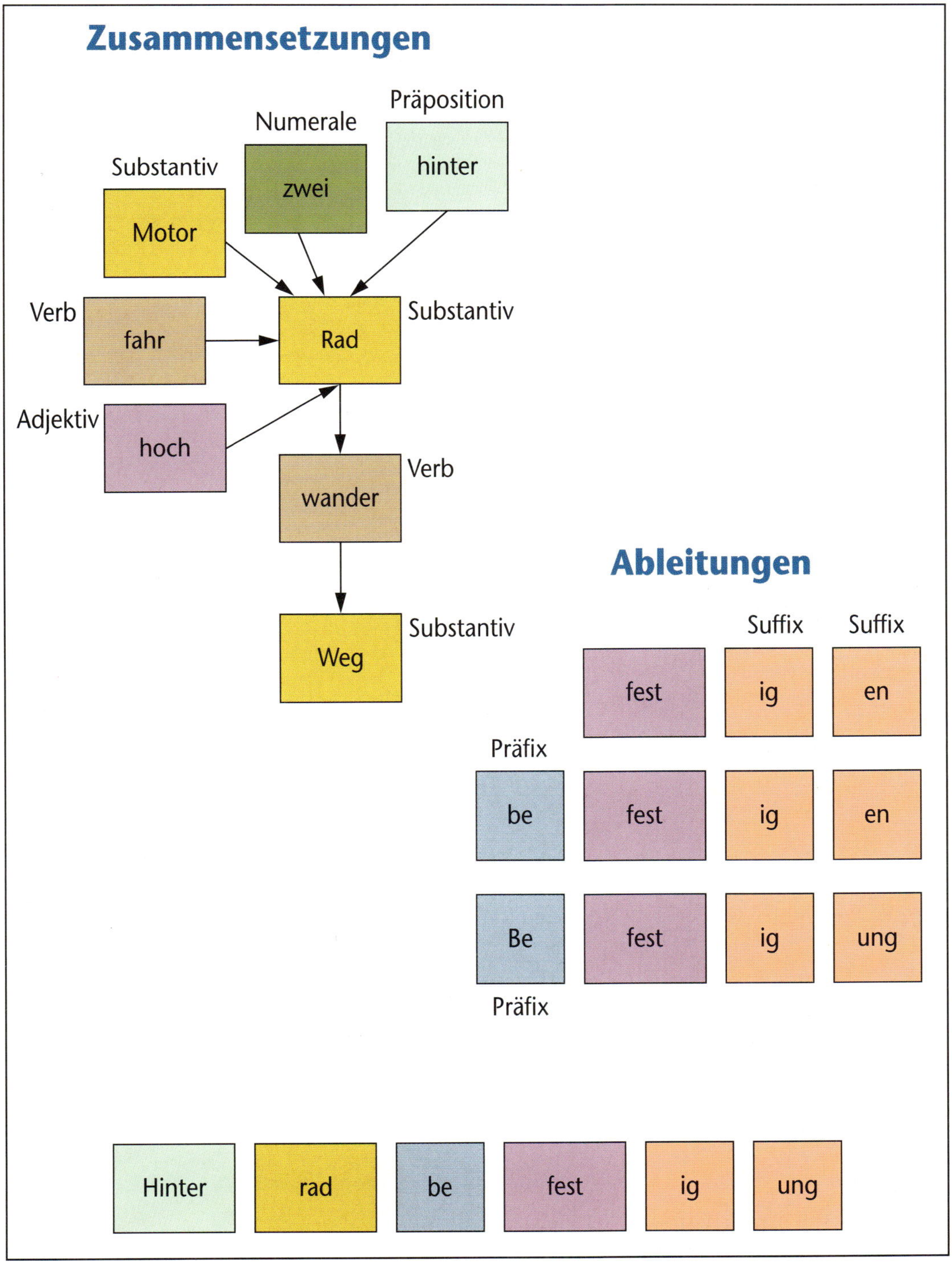

113 Wortbildung ist die Verbindung vorhandener Wörter und Wortteile zu **neuen Wörtern**.

114 Wörter und Wortformen setzen sich zusammen aus:

- **Wortstämmen**: *Luft, Elefant, alt, bunt, …*
- **Präfixen** (Vorsilben): *ver-, un-, ge-, …*
- **Suffixen** (Nachsilben): *-ig, -lich, -keit, -ung, …*
- **Flexionsendungen** (Beugungsendungen): *die Berg**e**, tief**er**, sein**e** Tasche*

115 Es gibt zwei Arten der Wortbildung:

Zusammensetzungen	**Ableitungen**
Haustür, steinreich, anbieten *(Subst. + Subst.) (Subst. + Adj.) (Präp. + Verb)*	*Reichtum, reichlich, bereichern; tr**i**nken – der Tr**a**nk/Tr**u**nk* (Adj. + Suffix) (Adj. + Suffix) (Präfix + Adj.+ Infinitivendung)
Haustürschließmechanismus	*Bereicherung*
↓	↓
= Wortbildung durch Verbindung von zwei oder mehr Wörtern	= Wortbildung durch Anhängen von Präfixen und Suffixen an Wortstämme oder/und Veränderung im Inneren des Wortstammes

Beide Arten können miteinander kombiniert werden.

2.1 Die Zusammensetzungen

116 Zweites oder letztes Wort einer Zusammensetzung ist das **Grundwort**.

- Dieses bestimmt die Wortart: *Hoch**wasser*** (Substantiv), *hoch**rechnen*** (Verb), *hoch**mütig*** (Adjektiv)
- Bei Substantiven wird das Geschlecht des zusammengesetzten Substantivs vom Grundwort bestimmt: ***das** Hoch**wasser**, **die** Hoch**zeit**, **der** Hoch**stapler***

117 Vor dem Grundwort steht das **Bestimmungswort**. Es bestimmt das Grundwort näher:

***Regen**wasser, **Trink**wasser, **Kühl**wasser, **Ab**wasser …*

2.2 Die Ableitung

118 Die Ableitung von Wörtern dient – wie die Zusammensetzung – der Entstehung neuer Wörter.

Wir unterscheiden folgende Arten der Ableitung:

- das Anhängen von **Suffixen** (Endsilben) an einen Wortstamm:
  *Freund**schaft**, freund**lich** …*
- das Voranstellen von **Präfixen** (Vorsilben) vor einen Wortstamm:
  ***Un**glück, **be**glücken …*
- Veränderungen im Inneren des Wortstammes durch Lautveränderung (= **innere Ableitung**):
  - Veränderung des Stammvokals:
    *b**i**nden – B**a**nd, B**u**nd, b**ü**ndig, b**ä**ndigen*
  - Veränderung eines Stammkonsonanten:
    *He**f**e – he**b**en; schei**d**en – Schei**t**el;*
    *z**ieh**en – Z**ug*** = Veränderung des Stammvokals
    *g**eh**en – G**ang*** und des Stammkonsonanten
- Wechsel von einer Wortart in die andere ohne Veränderung des Wortes:
  essen – das Essen; blau – das Blau; zwei – eine Zwei (als Zensur)

Diese vier Arten der Ableitung können miteinander kombiniert werden.

Ü 27 Bei diesen Zusammensetzungen sind die Grundwörter vertauscht. Wie müssen die Wörter richtig zusammengesetzt werden?

Trennen Sie zunächst die Grundwörter von den Bestimmungswörtern:

SOMMERUNGLÜCK	KASCHMIRWERK
ZUGBLUSE	ATOMKRAFTWANDLER
ABENDSCHAL	LIEBESNACHRICHTEN
SPARGELGESCHIRR	PFERDEFELD
SCHLAFKUMMER	HEMDFRISCHE

Ü 28 Bei diesen Zusammensetzungen sind die Bestimmungswörter vertauscht. Berichtigen Sie diese Wörter, indem Sie das richtige Bestimmungswort mit dem jeweiligen Grundwort verbinden:

STROMMOND	REGENHONIG
VOLLSCHNUPFEN	HEUSTARRE
BIENENKEHLCHEN	ROTMÜDIGKEIT
FRÜHJAHRSWOLKE	WINTERZEITLOSE
STURMSPERRE	HERBSTWARNUNG

Ü 29 Bilden Sie abgeleitete Verben. (21 sind möglich.)

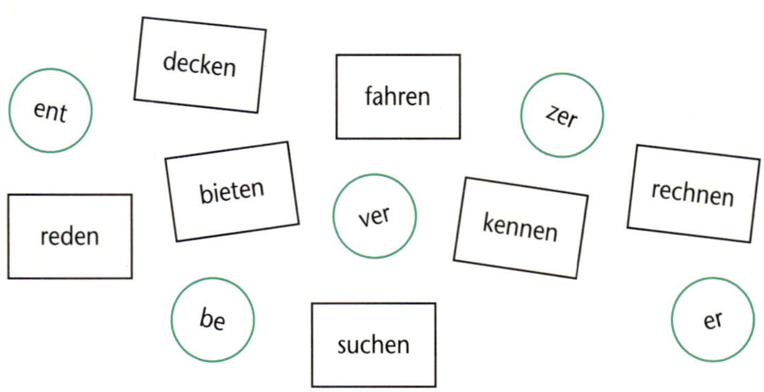

Ü 30 Formen Sie die Zusammensetzungen so um, dass deutlich wird, auf welche Weise das Bestimmungswort das Grundwort erklärt:

Beispiel: kummervoll → voll von Kummer

Stoffpuppe; Tierarztpraxis; Rostschutzmittel; Schreibmaschine; federleicht; Gartenteich; bergsteigen, knielang

Ü 31 In dieser Übung wird die **innere Ableitung** deutlich:

a) Welche Verben wurden von folgenden Substantiven abgeleitet?
Zug; Trank; Sprache; Band; Ritt; Gang; Gesang; Hefe; Scheitel; Flucht; Schrift

b) Überführen Sie folgende Wörter in ein Substantiv (= Substantivierung) mit Artikel:
blau; jung; dunkel; gerade; jenseits; laufen; tanzen; fragen

c) Überführen Sie folgende Substantive und Adjektive in ein Verb:
Pilger; Kachel; Hagel; trocken; krank

Ü 32 Bilden Sie so viele **sinnvolle** Zusammensetzungen wie möglich mit den Wörtern am Rand und dem auf den Bildern Dargestellten:

Schicht
Farbe
Arbeit
Garten
Duft
Halter
Rücken
Seite
Feld
Wachs

2.3 Abkürzungen

119 Bei den **Abkürzungen** unterscheidet man:

eigentliche Abkürzungen	Buchstabenwörter	Kürzel oder Kurzwörter

120 Die **eigentlichen Abkürzungen** dienen der Schreiberleichterung.

- Beim Vorlesen wird die volle Form genannt.
- Die eigentlichen Abkürzungen werden mit einem Punkt versehen:

  usw. – und so weiter
  i. A. – im Auftrag
  S. – Seite
  Dr. – Doktor

121 **Buchstabenwörter** bestehen ebenfalls aus den Anfangsbuchstaben der Einzelwörter.

- Beim Sprechen wird jeder Buchstabe des Buchstabenwortes mit seinem Namen im Alphabet verwendet:

  BRD – Be-Er-De (Bundesrepublik Deutschland)
  LKW – El-Ka-We (Lastkraftwagen)

- Buchstabenwörter können auch Teile von Wörtern sein:

  S-Bahn – Stadtschnellbahn
  Kfz-Schlosser – Kraftfahrzeugschlosser

- Manche Buchstabenwörter werden heute wie Kürzel (siehe 122) gesprochen:

  Ufo – gesprochen: *ufo (unbekanntes Flugobjekt)*
  TÜV – gesprochen: *tüf (Technischer Überwachungsverein)*

122 Beim **Kürzel** oder Kurzwort wird ein Teil eines längeren Wortes weggelassen:

Akku – Akkumulator
Auto – Automobil
Bus – Omnibus

Kürzel können auch Teile von Wörtern sein:

Biomilch – Milch aus biologischer Tierhaltung
Schokoeis – Schokoladeneis

Ü 33 Ordnen Sie die folgenden Abkürzungen den drei Gruppen zu. Schreiben Sie die volle Form dazu:

Abs.; Profi; DRK; Kat; ADAC; z. B.; evtl.; Aids; d. Gr.; Krimi; EU; m; zz.; pH-Wert; $CaCO_3$; Ahd.; Alu; RAF; Ökosteuer; Abb.; Kripo; Demo; Radar

3 Satzbau und Zeichensetzung

Überblick

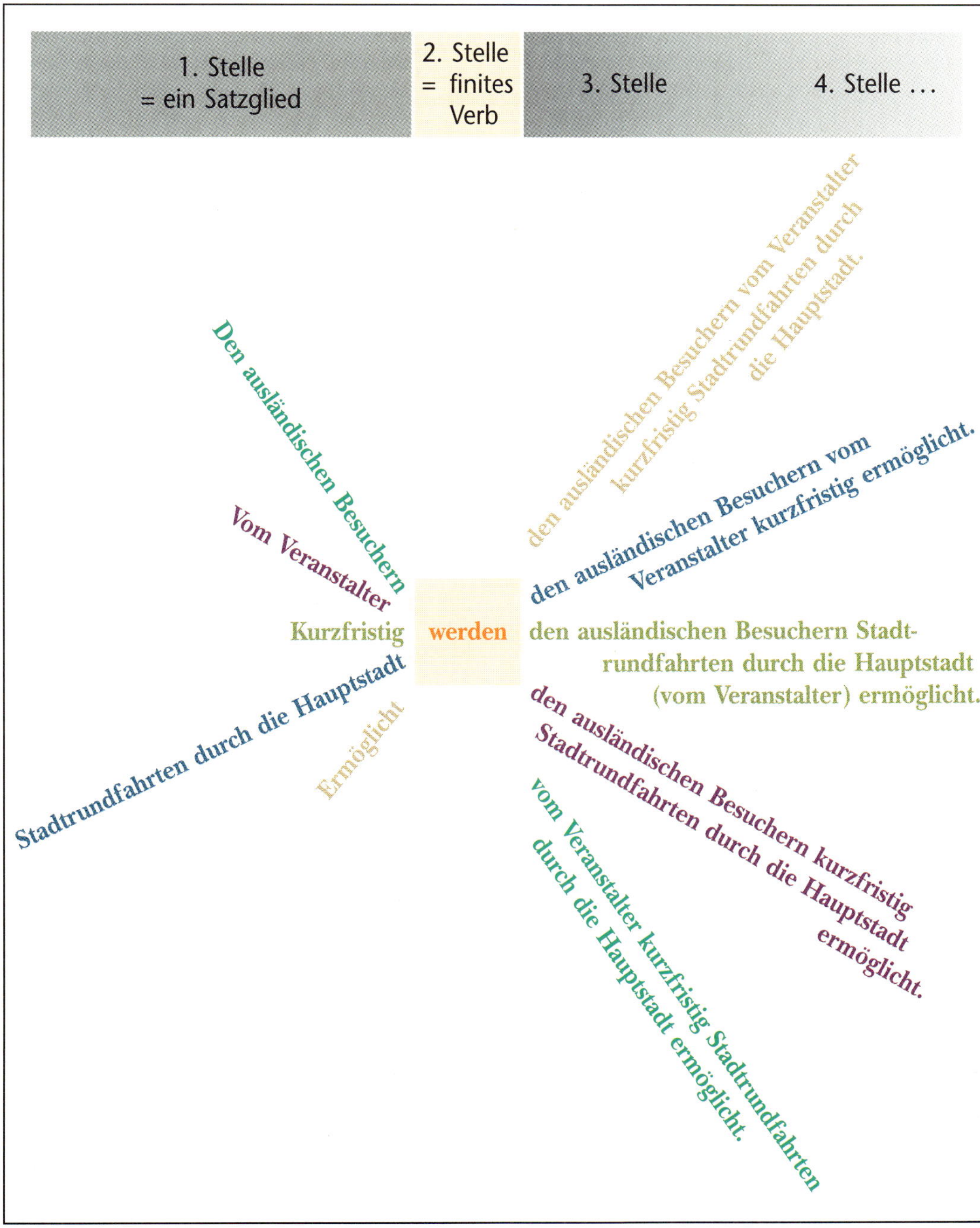

3.1 Die Satzarten

123 Die Grenzen zwischen Wort – Satz – Text sind fließend.
Wir verstehen unter einem Satz:

- eine **inhaltlich abgeschlossene Einheit**:
  a) Jugend forscht. *b) Komm her!* *c) Bist du krank?*
- eine **Klangeinheit** (durch die Stimmführung):
  a)  *b)*  *c)* 
- eine Einheit, die mit **Satzschlusszeichen** (Punkt, Ausrufezeichen, Fragezeichen) abgeschlossen wird.
- eine Einheit, die **von** einem **Verb bestimmt** wird:
  a) Jugend ***forscht****.* *b)* ***Komm*** *her!* *c)* ***Bist*** *du krank?*

124 Die **wichtigste Wortart** ist das Verb. Von ihm hängen die anderen Satzglieder ab.

(Eine andere Auffassung geht davon aus, dass Subjekt + Prädikat das Zentrum des Satzes sind. Danach sind Subjekte und Prädikate Satzglieder erster Ordnung, Objekte und adverbiale Bestimmungen Satzglieder zweiter Ordnung.)

125 Die einzelnen **Satzarten** ergeben sich aus den unterschiedlichen Absichten des Sprechers/Schreibers:

- **Aussagesätze** teilen Sachverhalte mit:
  Er fährt nach Berlin. Die Gartenfläche beträgt 200 m².
- **Aufforderungssätze** drücken eine Aufforderung, eine Bitte oder einen Befehl aus:
  Ruft uns bald an.(!) Unterschreiben Sie bitte links unten.(!) Stillgestanden!
- **Wunschsätze** drücken das vom Sprecher/Schreiber Gewünschte aus. Es liegt keine Aufforderung an den Gesprächspartner vor, das Gewünschte zu erfüllen:
  Wenn es doch endlich wärmer würde! Wäre er doch mit dem Rad gefahren!
- **Fragesätze** werden mit Fragewörtern (Fragepronomen siehe **92**) oder mit Spitzenstellung des Verbs eingeleitet:
  - Entscheidungsfragen beginnen mit der finiten Verbform. Als Antwort wird *Ja* oder *Nein* erwartet:
    Fliegt die Maschine heute? Kannst du schwimmen?
  - Vergewisserungsfragen sind ein Sonderfall der Entscheidungsfragen. Der Satzbau entspricht dem Aussagesatz, die Stimmführung dem Fragesatz:
    Du warst im Urlaub? Die Post ist da?
  - Informationsfragen – auch W-Fragen genannt – beginnen mit einem Fragewort und ermöglichen eine schnelle Information:
    Wer hat geklingelt? Wann kommt der Zug an?
  - Rhetorische Fragen sind nicht wirklich Fragen, denn der Sprecher/Schreiber kennt die Antwort. Der Sprecher/Schreiber will die eigene Aussage verstärken oder den Gesprächspartner auffordern, dieser Aussage zuzustimmen:
    Was ist bloß mit dir los? Habe ich dir das nicht schon vorher gesagt?
- **Ausrufe(sätze)** können unterschiedliche Formen haben:
  Los! Wie schade! So ein Unsinn!
  Der Zug kommt! (= Form des Aussagesatzes)
  Was soll denn das! (= Form der Ergänzungsfrage)

3.1.1 Der Bau des einfachen Satzes

126 Das wichtigste Wort im einfachen Satz ist das **gebeugte (finite) Verb**. Es steht an zweiter Satzgliedstelle (siehe Seite 67).

Das einfache Prädikat (= Satzaussage) entspricht dem finiten Verb:

Er ***schreibt*** *einen Brief.*

An erster Stelle steht das finite Verb bei:

- Entscheidungsfragen: ***Hat*** *es dir geschmeckt?* ***Fährst*** *du heute noch?*
- Ausrufesätzen: ***Lauf*** *doch schneller!* ***Sei*** *endlich still!*
- uneingeleiteten Nebensätzen als Vordersatz (siehe 149): ***Hättest*** *du die Wahrheit gesagt, dann …*

127 Das **mehrgliedrige Prädikat** besteht aus dem finiten Verb und dem ungebeugten (infiniten) Prädikatsteil bzw. dem Verbzusatz:

Er ***soll*** *mich heute anrufen.*	(Infinitiv)
Dies ***ist*** *für uns bindend.*	(Partizip I)
Wir ***haben*** *das Buch gelesen.*	(Partizip II)
Sie ***wäscht*** *sich.*	(Verbzusätze)
Er ***fährt*** *Auto.*	
Ich ***steige*** *die Leiter hinauf.*	
Du ***siehst*** *dem Zug nach.*	

128 Nach den Verben *sein, werden, bleiben, heißen, scheinen* wird das Prädikat durch ein **Prädikativum oder Prädikatsnomen** vervollständigt:

Mein Freund ***ist*** *krank.*
Meine Schwester ***wird*** *Sängerin.*
Der Film ***blieb*** *viele Jahre lang beliebt.*
Der Film ***heißt*** *„Titanic".*
Er ***scheint*** *ein Erfolg zu werden.*

129 Nur im Deutschen gibt es die Eigentümlichkeit, den zweiten Teil des Prädikats an das Satzende zu stellen.

Die beiden Prädikatsteile rahmen die anderen Satzglieder ein bzw. **umklammern** sie:

zusammengesetzte Zeitform

*Bisher **haben** wir mit alter Software gearbeitet.*

*Nun **möchten** wir in eine neue Software einsteigen.*

modales Hilfsverb — Infinitiv eines Vollverbs

Eine „Überdehnung" der Klammer beeinträchtigt bzw. verhindert die Verständlichkeit einer Aussage:

*Nicht immer **will** man sich mühsam durch dicke Handbücher oder langatmige Einsteigerbücher wegen einer speziellen, noch nicht bekannten oder geläufigen Nutzung eines neuen Computerprogramms wühlen.*

(21 Wörter werden „umklammert".)

Abhilfe:

Das Satzungetüm wird:

a) in mehrere Sätze aufgelöst

b) nicht unbedingt notwendige Adjektive werden weggelassen

1. *Manchmal möchte man nur eine noch unbekannte Nutzung seines Computerprogramms erlernen.*
2. *Dabei sind umfassende Handbücher oder Einsteigerbücher zu umständlich.*

c) Hin und wieder ist eine „Ausklammerung" möglich:

*Handbücher und Einsteigerbücher **sind** umständlich zu handhaben: zu dick, zu langatmig und deshalb zu mühsam.*

130 Jedes Verb erfordert **Ergänzungen**.

Es gibt

nicht weglassbare Ergänzung (= obligatorische Ergänzung)	weglassbare Ergänzung (fakultative Ergänzung)	Adverbien und Attribute
***Er** schläft.* (1. Ergänzung)	*Er schläft **im Bett**.*	*Er schläft **oft** im Bett **seiner Eltern**.*
***Anna** wohnt **in Paris**.* (2. Ergänzung)	*Anna wohnt **im Sommer** in Paris.*	*Anna wohnt **jetzt** im Sommer in Paris.*
***Sie** stellt **die Teller in den Schrank**.* *(3. Ergänzung)*	*Sie stellt die Teller in den Schrank **oder auf den Tisch**.*	*Sie stellt die **flachen** Teller **immer** in den **weißen** Schrank.*

3.1.2 Die Satzglieder

131 Die Ergänzungen des Verbs werden **Satzglieder** (Satzteile) genannt.

In einfachen Sätzen können sie in Form von Wörtern *Sie singen laut.*
oder Wortgruppen auftreten: *Die Schüler und ihre Eltern/ singen/laut/ein altes Volkslied.*

132 Anzahl und Länge der Satzglieder werden mithilfe der **Verschiebeprobe** ermittelt. Bei der Verschiebeprobe werden Wörter und Wortgruppen innerhalb eines Satzes verschoben/umgestellt.
Dabei sollen grammatische Fehler oder Verstöße gegen die Sprachnorm vermieden werden:

*Die Sportler aus Argentinien **treffen** um 8.00 Uhr in Berlin ein.*

Wir verschieben:

*Um 8.00 Uhr **treffen** die Sportler aus Argentinien in Berlin ein.*
*In Berlin **treffen** die Sportler aus Argentinien um 8.00 Uhr ein.*

Grammatisch falsch sind folgende Verschiebungen:

*Um 8.00 Uhr die Sportler aus Argentinien **treffen** in Berlin ein.*
*In Berlin die Sportler aus Argentinien **treffen** um 8.00 Uhr ein.*
*Um 8.00 Uhr in Berlin die Sportler aus Argentinien **treffen** ein.*

Grammatisch richtig, aber nach der Bedeutung nicht gleichwertig:

*Die Sportler **treffen** aus Argentinien um 8.00 Uhr in Berlin ein.*
*Aus Argentinien **treffen** die Sportler um 8.00 Uhr in Berlin ein.*

Im Ursprungssatz
1. handelt es sich um Sportler aus Argentinien (= argentinische Sportler)
2. ist der Ausgangspunkt der Reise dieser argentinischen Sportler nicht angegeben.

Grammatisch richtig, aber nach der Bedeutung auch nicht gleichwertig:

***Treffen** die Sportler aus Argentinien um 8.00 Uhr in Berlin ein?*

Erkenntnisse der Verschiebeprobe:

1. Der Satz enthält neben dem Prädikat drei Satzglieder.
2. *Aus Argentinien* ist kein selbstständiges Satzglied
(kann nur mit *die Sportler* gemeinsam verschoben werden).
(siehe 137)

[Die Sportler aus Argentinien] [treffen] [um 8.00 Uhr] [in Berlin] [ein].

133 Mithilfe der **Fragemethode** kann man ermitteln, um welche Satzglieder es sich handelt:

Satzglied	**Beispiele**	**Frage**
Subjekt (Satzgegenstand)	***Der Junge*** *lacht.* ***Er*** *muss sich beeilen.* ***Lärm*** *stört.*	*Wer lacht?* *Wer muss sich beeilen?* *Was stört?*
Objekt (Satzergänzung)		
• Genitivobjekt	*Die Eltern gedachten* ***seiner****.* *Die Sängerin rühmte sich* ***ihres Erfolges****.*	*Wessen gedachten die Eltern?* *Wessen rühmte sich die Sängerin?*
• Dativobjekt	*Alle halfen* ***den Opfern****.* ***Ihm*** *fielen die Schilder auf.*	*Wem halfen alle?* *Wem fielen die Schilder auf?*
• Akkusativobjekt	*Lärm stört* ***die Kranken****.* ***Sie*** *stört der Lärm.* *Die Kinder tragen* ***den Koffer****.*	*Wen stört Lärm?* *Wen stört der Lärm?* *Was tragen die Kinder?*
• Präpositionalobjekt	*Sie warteten* ***auf den Regen****.* *Der Student fragt* ***nach dem Prüfungsergebnis****.*	*Worauf warteten sie?* *Wonach fragt der Student?*
Adverbialbestimmung (Umstandsbestimmung)		
• Lokalbestimmung (Adverbiale des Ortes)	*Otto wohnt* ***in der Stadt****/****auswärts****.* *Anna zieht* ***in die Stadt****/****dahin****.* *Sie kommen* ***aus der Stadt****/****von dort****.*	*Wo wohnt er?* *Wohin zieht Anna?* *Woher kommen sie?*
• Temporalbestimmung (Adverbiale der Zeit)	*Die Stadt wurde* ***im 12. Jh.****/****damals*** *gegründet.* *Das Rathaus war* ***seit dem Krieg****/****seither*** *zerstört* *Der Wiederaufbau dauert* ***13 Jahre****/****noch immer****.* *Die Bauarbeiten wurden* ***zweimal****/****immer*** *unterbrochen.*	*Wann wurde die Stadt gegründet?* *Seit wann war das Rathaus zerstört?* *Wie lange dauert(e) der Wiederaufbau?* *Wie oft wurden die Bauarbeiten unterbrochen?*
• Modalbestimmung (Adverbiale der Art und Weise)	*Wir beobachten das* ***mit Erbitterung****/****erbittert.***	*Wie beobachten wir das?*

Satzglied	Beispiele	Frage
• Instrumentalbestimmung (Adverbiale des Mittels)	***Mit Flugblättern*** *sprechen wir die Mitbürger an.*	*Womit sprechen wir die Mitbürger an?*
• Kausalbestimmung (Adverbiale des Grundes)	***Aus Ärger*/*verärgert*** *darüber haben wir uns schon oft beschwert.*	*Warum haben wir uns … beschwert?*
• Finalbestimmung (Adverbiale des Zwecks)	***Zur Unterstützung*** *haben wir eine Bürgerinitiative gegründet.*	*Zu welchem Zweck haben wir … gegründet?*
• Konditionalbestimmung (Adverbiale der Bedingung)	***Bei großer Resonanz*** *könnten wir Erfolg haben.*	*Unter welcher Bedingung könnten wir Erfolg haben?*
• Konzessivbestimmung (Adverbiale des Gegengrundes)	***Trotz großer Belastung*** *werden wir diese Aktion weiterführen.*	*Trotz welchen Gegengrundes/Umstandes werden wir diese Aktion weiterführen?*
• Konsekutivbestimmung (Adverbiale der Folge)	***Zu unserer Freude*** *steigt die Zahl der Mitstreiter.*	*Mit welcher Folge steigt die Zahl der Mitstreiter?*

134 Das **Subjekt eines Satzes** (Satzgegenstand) ist das Satzglied, auf das sich die finite Verbform des Prädikats bezieht: Die finite Verbform stimmt in Person und Numerus (Einzahl oder Mehrzahl) mit dem Subjekt überein.

Das Subjekt steht im Nominativ, es antwortet auf die Frage *Wer?* oder *Was?*:

- Substantiv im Singular: ***Der Film*** ***lief*** *in vielen Kinos gleichzeitig.*
- Substantiv im Plural: *Dabei* ***waren*** ***die Gründe*** *für einen Kinobesuch unterschiedlich.*
- Personalpronomen: ***Wart*** ***ihr*** *auch im Kino?*
- Numerale: *Von Anfang an* ***fanden*** *ihn* ***alle*** *interessant.*
- Wortgruppe: ***Die hohen Produktionskosten des Films*** ***konnten*** *eingespielt werden.*
- erweiterter Infinitiv mit zu: ***Solche Wirkungen zu berechnen****(,)* ***ist*** *nicht einfach.*

135 **Sonderformen des Subjekts** sind:

a) **Es** tritt als unpersönliches Subjekt bei unpersönlichen Verben auf:
Es *schneit.* **Es** *gelingt.* **Es** *ist kalt.*

Es steht auch, wenn man kein persönliches Subjekt angeben will:
Es *klopft.* **Es** *wurde viel gelacht.*

Es steht, um die Endstellung des Subjekts zu ermöglichen:
Es *war einmal ein Mädchen.* **Es** *fällt mir eine Geschichte ein.*
Es *flatterten bunte Wimpel im Wind.*

b) Das Subjekt fehlt:

- beim Imperativ (Befehlsform) bzw. ist im Imperativ enthalten:
  Sei still! Sprecht lauter! Aber: Sprechen Sie!
- beim subjektlosen Gesprächsstil:
  Hab dich angerufen. Hab mir gedacht, ...
- bei einigen intransitiven Verben:
  Dir kann geholfen werden.

136 Einige Verben haben **mehrere Objekte**:

a) Akkusativobjekt + Dativobjekt bei Verben des Sagens, Gebens, Nehmens:
Mein Vater las ***uns*** *abends* ***Geschichten*** *vor.*
Interpol übergab ***den Kriminellen*** ***unseren Behörden****.*
Jemand hatte ***mir*** ***die Uhr*** *gestohlen.*

b) Akkusativobjekt + Genitivobjekt bei Verben aus dem Bereich des Rechts und einigen reflexiven Verben:
Der internationale Gerichtshof klagte ***ihn*** ***des Völkermordes*** *an.*
Rühme ***dich*** *nicht* ***deiner Erfolge*** *beim Angeln.*

c) doppeltes Akkusativobjekt bei *kosten, nennen, heißen*:
Das kostet ***mich*** ***ein müdes Lächeln****.*
Er nannte ***ihn*** ***einen Verlierer****.*

d) Akkusativobjekt + Präpositionalobjekt:
Der Arzt fragte ***mich*** ***nach meinen Beschwerden****.*

e) dreifaches Objekt:
Nimm ***dir*** ***ein Beispiel*** ***an mir.***
Er bewies ***uns*** ***an einer Tierart*** ***die Entwicklungsgesetze****.*

137 **Das Attribut** (Beifügung) ist kein selbstständiges Satzglied. Es wird deshalb als Teilsatzglied oder **Satzgliedteil** bezeichnet. Es kennzeichnet ein Substantiv näher. Es kann nur gemeinsam mit diesem Substantiv verschoben werden (siehe 132).

Folgende Arten des Attributs gibt es:

Art des Attributs	Beispiel	Frage
Adjektivattribut	*Die* **eingeladenen** (Part. II) *Fußballer erlebten hier eine* **bittere** (Adj.) *Niederlage.*	*Welche Fußballer erlebten …?* *Was für eine Niederlage erlebten …?*
Genitivattribut	*Die Leistung* **der Stürmer** *überraschte alle.*	*Welche Leistung überraschte alle?*
Präpositional-attribut	*Der Spielausgang* **vom Freitag** *enttäuschte den Trainer am meisten.*	*Welcher Spielausgang enttäuschte den Trainer am meisten?*
Adverbattribut	*Den Spieler* **dort**/**hinten** *kennen viele.*	*Welchen Spieler kennen viele?*
Apposition (Beifügung aus einem Substantiv im gleichen Fall)	• *Der Libero,* **ein athletischer Typ**, *spielte mit vollem Einsatz.*	*Was für ein Libero spielte mit …?*
	• *Am Mittwoch,* **dem 1. März**(,) *beginnt die Hinrunde der nationalen Meisterschaft.*	*An welchem Mittwoch beginnt die Hinrunde der nationalen Meisterschaft?*
Attribut als Nebensatz (siehe 148)	• *Die Spielverlängerung,* **auf die unsere Mannschaft nicht vorbereitet war,** (Relativsatz) *kostete viel Kraft.*	*Welche Spielverlängerung kostete viel Kraft?*
	• *Unsere Fans gaben bis zum Ende des Spiels die Hoffnung nicht auf,* **dass wir gewinnen**. (Konjunktionalsatz)	*Welche Hoffnung gaben unsere Fans … nicht auf?*
	• *Die Art,* **wie der Schiedsrichter das Spiel leitete**, (indirekter Fragesatz) *trug ihm die Achtung der Zuschauer ein.*	*Welche Art trug ihm die Achtung der Zuschauer ein?*
	• *Die Erwartung der Mannschaftsleitung,* **der Trainer würde seinen Vertrag verlängern**, (uneingeleiteter NS) *erfüllte sich.*	*Welche Erwartung der Mannschaftsleitung erfüllte sich?*

138 Alle Satzglieder (Satzteile) können als **Wort** oder **Wortgruppe** oder **Nebensatz** (siehe 146 ff.) auftreten.

Wort: *Verärgert über die lange Bearbeitungszeit schrieb er eine Beschwerde.*
Wortgruppe: *Aus Ärger über die lange Bearbeitungszeit schrieb er eine Beschwerde.*
Nebensatz: *Weil er sich über die lange Bearbeitungszeit ärgerte, schrieb er eine Beschwerde.*

139 Die Reihenfolge, in der die Satzglieder im Satz gesetzt werden, hängt von mehreren Faktoren ab:

- In der **Grundstellung** sind alle Satzglieder nahezu gleich betont.
  Nur das Subjekt am Satzanfang hat eine leichte Betonung:

Die Mitschüler	/	*haben*	/	*mich*	/	*als Sprecher*	/	*gewählt.*
Subjekt		finite Verbform		Objekt		Adverbialbestimmung		infinite Verbform
		(1. Teil						2. Teil)

Prädikat

- Beim Sprechen lässt sich jedes beliebige Wort durch die Intonation – also durch lauteren oder höheren Sprechton – hervorheben.
  Beim Schreiben stellt man das hervorzuhebende Satzglied an den **Satzanfang**:

  Mich ***haben*** *die Mitschüler zum Sprecher gewählt.*
  (Akk.-Obj.)

  Als Sprecher ***haben*** *mich die Mitschüler gewählt.*
  (Adv.-Best.)

  Gewählt ***haben*** *mich als Sprecher die Mitschüler.*
  (inf. Verbform)

Alle Satzglieder mit Ausnahme des finiten Verbs können in einem Aussagesatz an erster Satzgliedstelle stehen.

- Ein zweiter, jedoch etwas schwächerer Schwerpunkt liegt am **Satzende** bzw. unmittelbar vor dem infiniten Verb.
- **In Texten** werden **am Satzanfang** Verknüpfungen zum vorangegangenen Satz vorgenommen:

  Das Pontonboot verspricht eine gemächliche Fahrt durch die Sümpfe.

  Doch *dann dreht der Bootsführer am Hebel.*

Ü 34 a) Schreiben Sie folgenden Text ab und setzen Sie bei diesen einfachen Sätzen an der richtigen Stelle das richtige Satzschlusszeichen.

Bestimmen Sie die Satzart (siehe 125):

Über wenige Themen wird mit so viel Gefühl und so wenig Sachverstand diskutiert wie über Kampfhunde was ist ein Kampfhund dieser Begriff wurde von Sensationen produzierenden Journalisten kreiert und ist vor allem ungenau demnach ist ein Dackel wohl auch ein Kampfhund immerhin kämpft er gegen den Fuchs im Bau oder sind Angriffe gegen den Menschen der entscheidende Punkt dann nennt doch den Schäferhund einen Kampfhund er wird von Polizei und Militär als Schutzhund gegen Menschen eingesetzt jene heute fälschlicherweise als Kampfhunde bezeichneten Hunderassen wurden jedoch nie für den Einsatz gegen Menschen gezüchtet auch noch heute ist ihr Merkmal eine herausragende Menschenfreundlichkeit.

b) Ermitteln Sie aus den Sätzen des folgenden Abschnittes die Subjekte, die finiten Verbformen und die infiniten Verbformen bzw. Verbzusätze (siehe 127):

1. Der irreführende Begriff „Kampfhund" wird häufig auf mastiff- und bullterrierartige Rassen bezogen.
2. Fast alle mastiffartigen Rassen haben eine hohe Reizschwelle; sie sind also sehr ruhig.
3. Dabei sind sie nicht sonderlich arbeitsfreudig.
4. Deshalb kann man sie nicht unbedingt zu Sporthunden ausbilden.
5. Bei den Bullterrierartigen liegt die Reizschwelle im mittleren Bereich und ihre Arbeitsfreude ist hoch.
6. Für eine Ausbildung als Schutz- oder Rettungshund sind sie also geeignet.

Subjekte	finite Verbformen	infinite Verbformen
⋮	⋮	⋮

c) Bestimmen Sie in den folgenden Sätzen alle Satzglieder. Schreiben Sie die Sätze ab und trennen Sie die Satzglieder durch senkrechte Striche voneinander:

1. Die Aggression anderen Hunden oder dem Menschen gegenüber wurde diesen Hunden zielgerichtet antrainiert.
2. In einigen Ländern sind Maßnahmen zur Ausrottung der Kampfhunde eingeleitet worden.
3. Der durchschnittliche Städter weiß wegen der Entfremdung von der Natur zu wenig von den Bedürfnissen eines Tieres.

Ü 35 Die folgenden Sätze gehören inhaltlich zu einem Text, ihr Zusammenhang müsste aber stärker herausgestellt werden. Verändern Sie die Satzgliedstellung der angekreuzten Sätze so, dass man die Bezüge zwischen den Sätzen erkennt.
Sie werden außerdem feststellen, dass der Text nach dieser Überarbeitung interessanter geworden ist.

Beginnen Sie so: *Au! Eine Brennnessel! Oft genug …*

Au! Eine Brennnessel! (x) Man hat sie oft genug am eigenen Leib gespürt. Jedes ihrer Brennhaare ist mit einem raffinierten Mechanismus ausgerüstet. (x) Die Spitze der harten Härchen bricht bei der leisesten Berührung ab. (x) Eine Bruchstelle entsteht dabei. Diese Bruchstelle sieht aus wie die Spitze einer Injektionsnadel. (x) Sie dringt wie diese widerstandslos in die Haut ein. (x) Das an der Basis des Brennhaares gesammelte, unter Druck stehende Gift ergießt sich auf diesem Wege in die kleine Wunde. (x) Man kennt ja die Wirkung!
(x) Die Brennnessel ist natürlich auch nützlich. (x) Nesseltuch, der „Stoff der Armen", wurde früher aus den zähen Fasern ihrer Rinde gewoben. (x) Man bekam im Kriegsjahr 1915 sogar Geld für Brennnesselkraut. (x) Sie ist medizinisch gesehen gut für Magen, Bauchspeicheldrüse und gegen Nierensteine. Die jungen Triebspitzen werden darüber hinaus nicht erst seit der Biogarten-Bewegung als Gemüse und Suppeneinlage geschätzt.

Ü 36 a) Schreiben Sie die folgenden Sätze ab. Markieren Sie das durch Attribute näher gekennzeichnete Substantiv farbig.

b) Unterstreichen Sie die Attribute mit einer Wellenlinie und stellen Sie jeweils durch einen Pfeil die Verbindung des Attributs zum Substantiv her.

Bedenken Sie, dass Attribute auch innerhalb eines Attributs auftreten können:

Das letzte Schreiben vom Amtsgericht | der nahen Kreisstadt kam heute an.

c) Bestimmen Sie die Art des Attributs (siehe 137)
(AA = Adjektivattribut, GA = Genitivattribut, PA = Präpositionalattribut, Adv.A = Adverbattribut, App. = Apposition; Possessivpronomen [siehe 76] wie AA behandeln):

1. Die gefeierte Filmschauspielerin A. B. ist in dem bekanntesten Hotel der zweitgrößten Stadt unseres Landes abgestiegen.
2. Sie treibt fleißig Milieustudien, denn sie will bald einen neuen Film über das Leben im Hotel drehen.
3. Natürlich wird ihr ein Teil ihres kostbaren Schmucks gestohlen.
4. Der Hotelchef, ein überaus attraktiver Mann, wäscht seine Hände in der sprichwörtlichen Unschuld.
5. Die wütende Schauspielerin wacht nun pausenlos über den Rest ihres Schmucks.
6. Einmal klopft es, eine Dame mittleren Alters öffnet vorsichtig die Tür zum Zimmer, entschuldigt sich aber sofort.
7. Sie habe sich in der Zimmertür geirrt, denn sie wohne im Zimmer nebenan.
8. Jetzt weiß die Schauspielerin, eine offensichtlich nicht nur schöne Frau, Bescheid: Das ist die Diebin ihres Schmucks.

Ü 37 a) Verändern Sie die Sätze so, dass jeweils der zweite Satz als Apposition des ersten Satzes verwendet wird (siehe 137).

Achten Sie darauf, dass diese Apposition

1. an der richtigen Stelle steht
2. im gleichen Fall wie das Substantiv oder der Name, der durch die Apposition gekennzeichnet wird, erscheint
3. in Kommas eingeschlossen wird

b) Bestimmen Sie den Fall des Substantivs und der dazu gehörenden Apposition.

Beispiel: Von Karoline Neuber wurde in einem symbolischen Akt der „Hans Wurst" auf der Bühne verbrannt. Karoline Neuber war Schauspielerin und Leiterin einer Theatertruppe.

Von ***Karoline Neuber, einer Schauspielerin und Leiterin einer Theatertruppe****, wurde in …*

Dativ

1. Die Geschichten über den Freiherrn von Münchhausen wurden von G. A. Bürger bearbeitet und so zu einem deutschen Volksbuch. Der Freiherr von Münchhausen tritt hier als sprichwörtlich gewordener Aufschneider auf.

2. Die Relativitätstheorie Albert Einsteins stellte die moderne Physik auf neue Grundlagen. Albert Einstein war Nobelpreisträger für Physik 1921.

3. Auf der Grundlage eines Testaments von Alfred Nobel werden seit 1901 jährlich von der Schwedischen Akademie der Wissenschaften Preise gestiftet. Alfred Nobel war ein schwedischer Chemiker und Erfinder des Dynamits.

4. Robert Schumann heiratete Clara Wieck gegen den Widerstand ihres Vaters. Clara Wieck zählte zu den berühmtesten Pianistinnen des 19. Jahrhunderts.

5. Herr Dr. Vogel begründete seinen Kollegen die Personalentscheidung. Herr Dr. Vogel ist Direktor des Max-Planck-Instituts.

6. Auf trockenen Heide- und Waldböden findet man häufig die Rentierflechte, die zu den strauchförmigen Arten der Becherflechten gehört. Die Rentierflechte ist während des Winters eine wichtige Futterpflanze für Rentiere.

7. Am Montag hatte meine Schwester ihren Arbeitsvertrag unterschrieben. Am Montag war der 4. Mai 1998.

8. Die Mitarbeiter setzten für Mittwoch eine Beratung an, um über das neue Vermarktungskonzept zu diskutieren. Mittwoch ist der 14. März.

3.2 Der zusammengesetzte Satz

140 Der zusammengesetzte Satz besteht aus zwei oder mehr Sätzen, die eine Einheit bilden.
Die beteiligten Sätze

können gleichwertig sein	sind nicht gleichwertig
dann sind sie nebengeordnet	dann sind sie einander unter- oder übergeordnet
↓	↓
Satzverbindung	**Satzgefüge**

3.2.1 **Die Satzverbindung** oder **Satzreihe**

141 Eine Satzverbindung oder Satzreihe besteht aus **zwei oder mehreren Hauptsätzen**:

Die Musik wird leiser **,** *der Vorhang hebt sich* **,** *das Spiel beginnt.*

oder:

Die Musik wird leiser ***und*** *der Vorhang hebt sich.*

Wie bei einer Aufzählung wird vor *und* und *oder* kein Komma gesetzt.

In bestimmten Fällen sollte aber ein Komma gesetzt werden, um die Sinnerfassung beim Lesen zu erleichtern:

Wir beruhigten die Passagiere **,** *und die Stewardess versorgte den Kranken.*

142 Die Sätze einer Satzverbindung oder -reihe können auf unterschiedliche Weise **verbunden** sein:

ohne Verknüpfung	**Verbindung durch koordinierende (nebenordnende) Konjunktionen**	**Verbindung durch Pronominaladverbien**
*Am Abend unterbrach er die Fahrt***,** *am folgenden Morgen rief er zu Hause an.*	*Noch war zeitiges Frühjahr***,** ***aber*** *die Temperaturen erreichten schon sommerliche Werte.* *(aber, denn, doch, oder, und, entweder – oder, weder – noch)*	*Es war noch zeitiges Frühjahr***,** ***dennoch*** *erreichten die Temperaturen schon sommerliche Werte.* *(deshalb, daher, deswegen, dennoch, trotzdem, dagegen, folglich)*

143 Durch die **Zeichensetzung** kann eine enge oder weniger enge Bindung der einzelnen Hauptsätze einer Satzverbindung oder -reihe ausgedrückt werden:

- Komma = enge Bindung:
  Die Musik wird leiser , der Vorhang hebt sich , das Spiel beginnt.
- Semikolon (Strichpunkt) = stärkere Trennung als das Komma, aber schwächere als der Punkt:
  Die Großeltern wohnen in einem Haus mit einem großen Garten ; daher gehen wir sie gern besuchen.
- Doppelpunkt (außer vor der direkten Rede, siehe **152**) = Ankündigung eines Argumentes:
  Es ist nicht zu bestreiten : Die Menge bezahlter menschlicher Arbeit nimmt ab.
- Gedankenstrich = Ankündigung eines weiterführenden Satzes oder Zusatzes:
  Im Treppenhaus war es still – ich holte tief Luft und drückte auf die Klingel.
  Eines Nachts – es war mitten im Sommer – tobte ein schreckliches Gewitter.

144 **Keine Satzverbindung liegt vor**, wenn

- sich zwei Subjekte auf ein Prädikat beziehen:
  Ich sehe *am liebsten Krimis und* ***meine Mutter*** *Informationssendungen.*
- zwei Prädikate ein gemeinsames Subjekt haben:
  Der Busfahrer schließt *die Türen und* ***fährt*** *vorsichtig aus dem Haltestellenbereich.*
- zwei Prädikate mit ihren jeweiligen Subjekten ein Objekt oder eine Adverbialbestimmung gemeinsam haben:
  Mein Bruder ***fütterte*** *und ich* ***bürstete unseren Hund****.* (Akkusativobjekt)

Solche Sätze nennt man **zusammengezogene Sätze**.

3.2.2 Das Satzgefüge

145 Das Satzgefüge besteht aus einem **Hauptsatz** und mindestens einem **Nebensatz**. Haupt- und Nebensatz werden durch ein Komma getrennt. Der Nebensatz übernimmt die Funktion eines Satzgliedes im übergeordneten Satz:

statt: ***Wegen einer Baustelle*** *mussten wir eine längere Umleitung fahren.*
→ ***Weil die Strecke gebaut wird,*** *mussten wir eine längere Umleitung fahren.*

146 Die **Merkmale eines Nebensatzes** sind:

- finite (gebeugte) Verbform an letzter Stelle des Nebensatzes (im Hauptsatz an zweiter Satzgliedstelle):
  *Ich weiß schon lange, dass du das Geld verloren **hast**.*
- Subjekt (wie im Hauptsatz):
  *Ich **weiß** schon lange, dass du das Geld verloren **hast**.*
- meist Einleitewort:
  *…, **dass** du das Geld verloren **hast**.*
  ***Weil** die Strecke gebaut **wird**, **mussten** wir …*

147 Nebensätze teilt man ein nach

- ihrer **Form**, d. h. nach der Art ihrer Einleitung
- ihrer **Stellung** im Satzgefüge
- ihrem **Abhängigkeitsgrad**
- ihrer **Satzgliedfunktion**

148 Die **Form der Nebensätze**

Art der Einleitung	Satzbeispiel	Wortmaterial
Konjunktionalsätze	Es ist nicht gut, **dass** der Mensch allein ist. (Bibelwort)	**unterordnende (subordinierende) Konjunktionen:** dass, wenn, als, nachdem, bevor, sobald, obgleich, obwohl, weil, da, indem, so dass, damit …
Relativsätze	Mancher wähnt sich frei und sieht nicht die Bande, **die** ihn schnüren. (Friedr. Rückert)	**Relativpronomen:** der, die, das, welcher, welche, wer, was
Fragewortsätze (oder indirekter Fragesatz)	**Wo** die Esse raucht, fehlt's nicht an Freunden. (Sprichwort)	**Fragepronomen:** wer, was; was für ein(e); welcher, welche, welches; **Frageadverbien:** wo; wann; weshalb; in Verbindung mit Präpositionen: womit, woraus, worüber, wozu
uneingeleitete Nebensätze	Ich weiß, die Treue ist kein leerer Wahn. (Schiller) Ist der Ruf erst ruiniert, lebt es sich gänzlich ungeniert. (Redensart)	**statt: dass-Nebensatz:** Ich weiß, *dass* die Treue kein leerer Wahn ist. **statt: wenn-Nebensatz:** *Wenn* der Ruf erst ruiniert ist, lebt es sich gänzlich ungeniert.

149 Die Stellung der Nebensätze im zusammengesetzten Satz wird nach ihrer Lage zum übergeordneten Satz beurteilt:

Art der Stellung	Beispielsatz	Satzschema
Vordersätze	*Wer* den Ruf des Frühaufstehers **hat**, **kann** getrost den ganzen Morgen im Bette bleiben. (Holländisches Sprichwort)	~~~, ▬▬.
Zwischensätze	Schmerz, *der* nicht **spricht**, **erstickt** das volle Herz und **macht** es brechen. (Shakespeare)	▬▬, ~~~, ▬▬.
Nachsätze	Schönheit des Körpers **hat** etwas Tierisches, *wenn* sie geistlos **ist**. (Demokrit)	▬▬, ~~~.

Eine Kombination verschiedener Nebensatzstellungen ist auch möglich:

Es **kann** der Frömmste nicht in Frieden **leben**, *wenn* es dem bösen Nachbarn, *der* Zwietracht **sät**, nicht **gefällt**.

▬▬, ~~~, ~~~, ~~~.

150 Nebensätze nach ihrem **Abhängigkeitsgrad**

Grad	Beispielsätze	Satzschema
erster Grad (NS bezieht sich auf HS)	*Wer* dir von andern schlecht **spricht**, **spricht** auch andern schlecht von dir. (Sprichwort)	1. Grad ~~~, ▬▬.
	Es **müssen** starke Beine sein, *die* gute Tage tragen **können**. (Sprichwort)	▬▬, 1. Grad ~~~.
	Wer Spaß **versteht**, **weiß** auch, *was* Ernst **ist**. (Lebensweisheit)	1. Grad ~~~, ▬▬, 1. Grad ~~~.
zweiter Grad (NS bezieht sich auf NS ersten Grades)	Keiner **ist** so taub wie derjenige, *der* nicht **hören will**, auch *wenn* sehr laut gesprochen **wurde**. (Französisches Sprichwort)	▬▬, 1. Grad ~~~, 2. Grad ~~~.
dritter Grad (NS bezieht sich auf NS zweiten Grades)	Der Tod **ist** nicht so schlimm **zu achten**, *dem* ein gutes Leben **vorangegangen ist**, *wenn* du das Gefühl **haben kannst**, *dass* du das meiste richtig **entschieden hast**. (Frei nach Augustinus)	▬▬, 1. Grad ~~~, 2. Grad ~~~, 3. Grad ~~~.

Aber: Nebensätze können auch gleichen Grades sein:

Sage nie, *dass* du dich niemals **irrst** und *dass* du andere wegen ihrer Irrtümer **verachtest**, *weil* nur der keine Irrtümer **begeht**, *der* wenig oder nichts **entscheidet**.

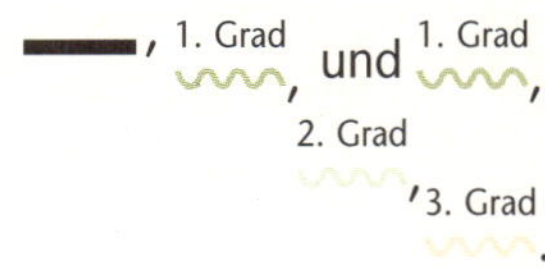

151 Nebensätze nach ihrer Satzgliedfunktion

Satzglied	Beispielsatz	Frage
Subjektsatz	• Wer satt ist, lobt das Fasten. • Dass Lügen kurze Beine haben, ist bekannt. • Es ist sicher, eine Schwalbe macht noch keinen Sommer. Wenn der NS Subjekt ist, fehlt im HS meist das Subjekt.	**Wer** lobt das Fasten? **Was** ist bekannt? **Was** ist sicher?
Prädikativsätze	Er wird, was sein Vater war. Ein ganzes Prädikat kann nicht durch einen NS ersetzt werden.	
Objektsätze	• Wem Gott will rechte Gunst erweisen, den schickt er in die weite Welt. • Du musst auslöffeln, was du dir eingebrockt hast. • Man sagt, dass viele Köche den Brei verderben. • Ich hoffe, die Zeit heilt alle Wunden.	• **Wen** schickt Gott in die weite Welt? • **Was** musst du auslöffeln? • **Was** sagt man? • **Was** hoffe ich?

Satzglied	Beispielsatz	Frage
Adverbialsätze		
Lokalsätze	• Geh dahin, wo der Pfeffer wächst. • Wo man singt, da lass dich ruhig nieder.	• **Wohin** gehe? • **Wo** lass dich ruhig nieder?
Temporalsätze	• Nachdem das Kind in den Brunnen gefallen ist, hilft kein Jammern. • Der Krug geht so oft zum Brunnen, bis er bricht. • Bevor du den Splitter im Auge des anderen rügst, solltest du an den Balken im eigenen Auge denken. • Es irrt der Mensch, so lang er lebt.	• **Wann** hilft kein Jammern? • **Wie oft** geht der Krug zum Brunnen? • **Wann** solltest du an den Balken im eigenen Auge denken? • **Wie lange** irrt der Mensch?
Modalsätze	• Jeder Vogel singt, wie ihm der Schnabel gewachsen ist. • Man lindert oft sein Leid, indem man es erzählt. • Je dümmer der Junker ist, ein desto größerer Prunker ist er.	• **Wie** singt jeder Vogel? • **Wie** lindert man oft sein Leid? • **Ein wie großer** Prunker ist der Junker?
Kausalsätze	Der beste Arzt ist die Natur, weil sie 90 % aller Krankheiten heilt.	**Warum** ist die Natur der beste Arzt?
Finalsätze	Man braucht Geduld und Verständnis, damit die Erziehung der Kinder gelingt.	**Zu welchem Zweck** (**wozu**) braucht man Geduld und Verständnis?
Konditionalsätze	Wenn (falls) ich keine Eintrittskarte mehr bekomme, besuche ich meinen Freund.	**Unter welcher Bedingung** besuche ich meinen Freund?
Konsekutivsätze	Die Wunde ist so gut verheilt, dass man sie nicht mehr behandeln muss.	**Welche Folge** hat die gute Wundheilung?
Konzessivsätze	Obwohl wir uns gründlich auf die Klassenarbeit vorbereitet hatten, waren wir aufgeregt.	**Trotz welchen Gegengrundes** waren wir aufgeregt?
Instrumentalsätze	Wir erreichten das Dach dadurch, dass wir eine sehr lange Leiter benutzten.	**Mit welchem Mittel** (**womit**) erreichten wir das Dach?

Ü 38 a) Bestimmen Sie die Adverbialbestimmungen in den folgenden Sätzen (farbig unterlegte Wortgruppen).

b) Wandeln Sie diese Adverbialbestimmungen in entsprechende Nebensätze um.

1. Vor dem Baden im Freien soll man sich abkühlen.
2. Diabetiker müssen sich nach strengen Diätvorschriften ernähren.
3. Hamburg liegt in der Nähe der Elbmündung in die Nordsee.
4. Ich kann wegen unserer Urlaubsreise dieses Jahr leider nicht zu deiner Geburtstagsfeier kommen.
5. Nach einer sehr langen Radtour fielen die meisten erschöpft auf die Betten in der Jugendherberge.
6. Wir blieben trotz eines preiswerten Reiseangebots zu Hause.
7. Bei großem Publikumszuspruch wird die Ausstellungsdauer verlängert.
8. An den Wochenenden werden zur schnelleren Abfertigung der Kunden alle Kassen des Einkaufsmarktes besetzt.
9. Einige Mitschüler helfen aus Tierliebe den Erwachsenen regelmäßig bei der Arbeit im Tierheim.
10. Der Demonstrationszug setzte sich pünktlich mit dem Ertönen des vereinbarten Signals in Bewegung.
11. Der enorme Rückreiseverkehr am Ende der Sommerferien führte zum verstärkten Auftreten von Staus.
12. Durch eine vorgeschriebene Anzahl von Testreihen werden die Wirkungen neuer Medikamente ermittelt.
13. Zum Ausarbeiten ihres Referats zog sich meine Kollegin in die Bibliothek zurück.
14. Die Zwillinge sahen sich zum Verwechseln ähnlich.
15. An Kreisverkehrsregelungen passieren weniger Unfälle als an gewöhnlichen Kreuzungen.
16. Sie fiel ihren Eltern aus Freude über das Wiedersehen um den Hals.
17. Allem Anschein nach haben alle Kursteilnehmer das Qualifizierungsziel erreicht.
18. Leider muss das Openairkonzert bei schlechtem Wetter ausfallen.
19. In unserer Kindheit lasen uns unsere Eltern vor dem Einschlafen immer eine Geschichte vor.

Ü 39 a) Setzen Sie die fehlenden Kommas.

b) Stellen Sie fest, ob es sich bei den folgenden Sätzen um einfache Hauptsätze (eHS), Satzverbindungen/Satzreihen – also zwei Hauptsätze – (SV) oder um Satzgefüge – also Hauptsatz mit Nebensatz – handelt.

c) Malen Sie die untere Tabelle ab. Tragen Sie den entsprechenden Buchstaben aus der rechten Tabelle ein und bilden Sie den Lösungssatz.

1. Als Lateinamerika werden die Länder Süd- und Mittelamerikas bezeichnet in denen eine romanische Sprache gesprochen wird.
2. Romanische Sprachen sind die Sprachen innerhalb der indogermanischen Sprachfamilie die auf dem Boden des Römischen Reiches aus dem Lateinischen hervorgegangen sind.
3. Es gibt neun romanische Sprachen auf dem europäischen Kontinent und das ausgestorbene Dalmatisch.
4. Die Zeit der Entdeckung und Kolonialisierung führte dazu dass ganz Mittel- und Südamerika mit Ausnahme Brasiliens spanischsprachig wurde.
5. In Brasilien wurde in diesem Zusammenhang das Portugiesische eingeführt.
6. Die spanischen Eroberer fanden in Mexiko und Peru eine hoch entwickelte Kultur vor aber seit dem 16. Jh. setzten sich europäische Einflüsse durch.
7. In Europa fassten die lateinamerikanischen Tänze Rumba, Samba, Cha-Cha-Cha, Paso doble und Jive Fuß.
8. Mit insgesamt 250 Mill. Sprechern ist das Spanische nach dem Chinesischen und dem Englischen die dritthäufigste Sprache der Welt.
9. Die spanische Schriftsprache ist aus der kastilischen Mundart hervorgegangen wobei zahlreiche arabische Wörter in den Wortschatz eingegangen sind.
10. Das Portugiesische ist die Muttersprache von 140 Mill. Menschen jedoch ist es entwicklungsgeschichtlich älter als das Spanische.
11. Aus dem Volkslatein nördlich der Loire entwickelte sich die französische Sprache aber eine allgemein verbindliche Schriftsprache gab es erst später.
12. Weil die italienische Sprache aus einer Vielzahl stark voneinander abweichender Mundarten besteht wurde die Entwicklung einer Schriftsprache aus einer dieser Mundarten notwendig.
13. Die geographische Isolation der Rumänisch Sprechenden von den anderen romanischen Sprachen führte dazu dass bis ins 19. Jh. die kyrillische Schreibung gültig war.
14. 1860 wurde die wegen starker slawischer Einflüsse im 7./8. Jh. eingeführte kyrillische Schreibung durch die lateinische ersetzt.
15. Latein war die Sprache des antiken Rom und die lateinische Schrift hatte sich aus der griechischen Schrift entwickelt.
16. Neben der normierten Schriftsprache gab es von Anfang an das gesprochene Alltagslatein das sich ständig wandelte und zur Grundlage der romanischen Sprachen wurde.

eHS	SV	SG
O	F	M
S	G	E
D	A	C
K	P	I
L	Q	U
W	K	S
S	V	Y
A	P	S
F	T	E
S	M	V
L	I	T
N	F	B
U	S	T
R	G	B
Z	G	O
V	U	A

2	7	5	9	12	2	3	11	9	15	14	16	1	10	8	13	4	6	!

Ü 40 Die Sätze dieser Übung sind Satzverbindungen/Satzreihen und Satzgefüge.

a) Ermitteln Sie die Subjekte (einmal unterstreichen) und die finiten (gebeugten) Verbformen (einrahmen).
b) Setzen Sie die Kommas.
c) Zeichnen Sie die Satzbilder.
d) Bestimmen Sie die Satzgliedfunktion der Nebensätze (siehe **151**).
e) Bestimmen Sie die Form der Nebensätze (siehe **148**).

I.

1. Die letzten zwei Jahrhunderte werden als das Zeitalter der Industrie bezeichnet dessen Grundlagen die technischen Erfindungen seit dem 19. Jh. sind.
2. Die Anfänge lagen in der zweiten Hälfte des 18. Jh. in England und später in Westeuropa denn Deutschland hatte sich durch den Dreißigjährigen Krieg im 17. Jh. stark ruiniert und spielte deshalb dabei keine Rolle.
3. Weil von Anfang an zwei gegensätzliche Reaktionen auf die Technik auftraten kann man sicher von einem Menschheitsproblem sprechen.
4. Technik könnte man so definieren dass sie Mittel für Zwecke bereitstellt.
5. Man muss auch fragen, ob alle denkbaren Zwecke mithilfe von Technik realisiert werden sollen?
6. Muss man alles was technisch machbar ist auch wirklich machen?
7. Könnte man die „richtigen" Zwecke von den „falschen" immer unterscheiden wäre die Frage einfacher zu beantworten.
8. Der Verzicht auf Technik ist genauso unsinnig wie der Glaube an die Allmacht der Technik gefährlich ist.
9. Die Beispiele Dynamit und Kernspaltung/Atomenergie zeigen uns die zwei Gesichter von physikalisch-technischen Entwicklungen und bis heute hat keine Macht oder Moral ihren zerstörerischen Einsatz verhindern können.

II. Zusammengesetzte Sätze aus drei und mehr Teilsätzen:

1. Straßen werden entweder nach ihren Erbauern benannt („Römerstraßen") oder sie leiten ihre Bezeichnung von ihrer geographischen Lage ab („Neckarstraße"; „Grüne Küstenstraße") oder das Haupthandelsgut das man früher auf ihnen transportierte gab ihnen den Namen („Salzstraßen", „Bernsteinstraßen").
2. Einige dieser Straßen sind schon vor 7000 Jahren angelegt worden und man hat Bohlenwege und eingemeißelte Gleisrinnen entdeckt als man untersuchte ob diese Straßen künstlich entstanden sein könnten.
3. Damit die Römer das Prinzip der geraden Linie beim Straßenbau beibehalten konnten trugen sie Hügel ab oder überspannten einen Fluss obwohl eine kleine Abweichung von der Geraden ihnen viel Mühe erspart hätte.
4. Dass die römischen Straßen zur Zeit der Völkerwanderung im 4.–5. Jh. n. Chr. schnell verfielen lag nicht daran dass die Technik des Straßenbaus verloren ging aber den germanischen Stämmen als Dorfbewohnern waren Straßen fremd und unheimlich.
5. Karl der Große ließ freilich einen Teil der alten Römerstraßen ausbessern jedoch das alte Verbindungsnetz war zerstört und 1235 erließ Friedrich II. ein Landfriedensgesetz das die Zolleinnehmer auch zur Instandsetzung der Straßen verpflichtete und das den Zwang zur Benutzung bestimmter Straßen aufhob.
6. Wer an der Rheinstraße die zahlreichen Burgen bewundert sollte sich vor Augen halten dass die adligen Besitzer dieser Burgen durch das Erheben von Zöllen den Handel und die Händler arg beutelten.
7. Bis eine Warenfuhre an ihr Ziel gelangen konnte wurde sie von Räubern überfallen schmälerten zahlreiche Zollstellen den Ertrag des Händlers zwang ihn jede Siedlung mit Marktrecht dass er seine Waren drei Tage lang feilbot und überdies musste er mit Rad- und Deichselbruch rechnen.

3.3 Die direkte (wörtliche) Rede

152 Mit der direkten Rede wird etwas Gesagtes wörtlich wiedergegeben. Meist wird bei der direkten Rede ein Begleitsatz verwendet.

k = Kleinschreibung
g = Großschreibung

- Der Begleitsatz (hier: Einführungssatz) geht voran:

Dann sagte er: „Mir ist kalt."	______: „g_____."
Plötzlich rief sie: „Kommt alle hierher!"	______: „g_____!"
Sie fragten neugierig: „Hast du ihn gefunden?"	______: „g_____?"

- Der Begleitsatz steht am Ende:

„Mir ist kalt", sagte er.	„g_____", k______.
„Kommt alle hierher!", rief sie plötzlich.	„g_____!", k______.
„Hast du ihn gefunden?", fragten sie neugierig.	„g_____?", k______.

- Der Begleitsatz ist eingeschoben:

„Mir ist kalt", sagte er, „ich gehe nach Hause."	„g_____", k______, „k_____."
„Kommt alle hierher", rief sie, „das könnte er sein!"	„g_____", k______, „k_____!"
„Hast du ihn gefunden", fragten alle aufgeregt, „oder ist er es doch nicht?"	„g_____", k______, „k_____?"

- Der Begleitsatz wird durch die direkte Rede unterbrochen:

Er sagte: „Mir ist kalt", und trat von einem Bein auf das andere.	______: „g_____", k______.
Sie rief: „Kommt alle her!", und stocherte im Laub.	______: „g_____", k______.
Alle fragten: „Hast du ihn gefunden?", und kamen angerannt.	______: „g_____", k______.

Ü 41 Die nachstehenden Texte enthalten direkte Rede und Begleitsätze – es fehlen aber alle Satzzeichen.
Setzen Sie die fehlenden Satzzeichen ein. Schreiben Sie die Sätze dazu ab.
Beachten Sie dabei auch die Groß- bzw. Kleinschreibung:

A In einem Restaurant beschwert sich ein Gast beim Kellner die Suppe ist kalt bringen Sie mir eine neue aber auch diese Suppe schickt der Gast sofort wieder zurück der Kellner empört sich Sie haben doch noch gar nicht probiert ist nicht nötig erwidert der Gast solange Sie den Daumen in der Suppe haben kann sie nicht heiß sein

B Ein Konfetti-Handstanzer wird bei der Besichtigung seines Betriebes durch eine Schulklasse gefragt ist denn das nicht eine mühsame Arbeit halb so schlimm versichert dieser ich habe so meine Tricks ich falte das Papier dreimal und erhalte so bei jedem Stanzen drei Konfetti aber wenn Sie das Papier dreimal falten ruft ein Schüler entstehen doch bei jedem Stanzvorgang sogar sechs Konfettis
(Übrigens: Wer von beiden hat recht?)

C Auf der Straße fährt ein Mann mit einem Fahrrad an dem einige nicht unwichtige Teile fehlen ein Ordnungshüter hält ihn an was für ein Leichtsinn Sie haben kein Licht – fünf Mark Sie haben keine Klingel – fünf Mark Sie haben keine Bremse fünf Mark der Mann lacht warum lachen Sie fragt der Ordnungshüter immer noch lachend antwortet der Mann gucken Sie mal unauffällig nach hinten da geht ein Mann der hat kein Fahrrad

D Zwei Männer trampen durch die Wüste ihnen kommt ein Kamelreiter entgegen wie weit ist es noch bis ans Meer fragt der eine vierhundert Kilometer gibt der Reiter gleichmütig Auskunft immer der Sonne entgegen und zieht seines Weges da sagt der andere toller Strand was

3.4 Kommaregeln

153 Komma steht bei **Aufzählungen/Reihungen**, die drei oder mehr Bestandteile haben:

Im Briefkasten stecken heute zwei Briefe, ein Katalog, eine Benachrichtigung und ein Faltblatt.

Am Ufer waren lauter lachende, singende, winkende oder umherrennende Kinder zu sehen.

Kein Komma steht,

- wenn Aufzählungen durch die Konjunktionen (Bindewörter) *und; sowie; sowohl … als auch; weder … noch; oder; entweder … oder; beziehungsweise (bzw.)* verbunden sind:

  Die Schulanfänger lernen lesen, schreiben_ sowie rechnen.

- wenn Adjektive mit dem folgenden Substantiv (Nomen) eine Bedeutungseinheit bilden:

  *das beliebte **italienische Eis**;*
  *ein hohes **eisernes Tor***

154 Komma steht **vor Entgegenstellungen**, also vor Konjunktionen mit entgegensetzender Bedeutung: *aber; sondern; doch; jedoch:*

Wir fahren nicht mit dem Auto, sondern mit der Bahn.

155 Komma steht **zwischen Teilsätzen**:

Der Zugbegleiter hob die Kelle, der Zug setzte sich in Bewegung. ▬, ▬.
Nachdem der Zugbegleiter die Kelle gehoben hatte, stieg er wieder ein. ▭, ▬.
Der Zugbegleiter stieg, nachdem er die Kelle gehoben hatte, wieder ein. ▬, ▭, ▬.
Der Zugbegleiter hob die Kelle, nachdem alle Fahrgäste eingestiegen waren, und kontrollierte die Fahrkarten. ▬, ▭, ▬.

Kein Komma steht zwischen Teilsätzen vor folgenden Konjunktionen:
und; sowie; wie; sowohl … als auch; weder … noch; oder; entweder … oder; beziehungsweise (bzw.)

neu!

Das gilt künftig auch für die Verbindung zwischen zwei Hauptsätzen:
Er stieg die Treppe nach oben_ und der Vater öffnete die Dachluke.
Er sah, dass sich zwei Dachziegel gelöst hatten_ und dass zwei weitere heruntergefallen waren.

Kommas können

neu!

- zwischen Teilsätzen vor *und, oder* und verwandten Konjunktionen gesetzt werden, wenn dadurch die Satzgliederung deutlich wird und der Sinn beim ersten Lesen erfasst werden kann:
  Er schlug auf den Strauch(,) und seine Frau beruhigte den Hund.
  (Mögliche Fehllesung: *Er schlug auf den Strauch und seine Frau …*)

neu!

- zwischen einem **erweiterten Infinitiv mit zu** oder einem **erweiterten Partizip** und dem übrigen Satz gesetzt werden:
  Der Wunsch(,) sofort wegzulaufen(,) war übermächtig.
  Ihrer Empfehlung folgend(,) haben wir die Reise gebucht.

- Die Infinitivkonstruktionen mit *zu* und die Partizipialkonstruktionen sind **keine Nebensätze**. Sie sind Teil des vorangehenden Satzes, können aber die Bedeutung von Nebensätzen haben (= nebensatzwertige Infinitiv- oder Partizipgruppe).

  Ohne den Freund zu fragen(,) benutzte er dessen Fahrrad.
  Infinitivgruppe mit zu

  Ohne dass er den Freund fragte, benutzte er dessen Fahrrad.
  Nebensatz

  Mit dem Trainer über Handy verbunden(,) bestritt sie die Wettkämpfe.
  Partizipgruppe

  Indem sie über Handy mit dem Trainer verbunden war, bestritt sie die Wettkämpfe.
  Nebensatz

- Bei Infinitiven mit ***ohne zu***; ***mit zu***; ***anstatt zu*** sollte immer Komma gesetzt werden: *Ohne zu zögern*, packten sie mit an.

Auch um Missverständnisse zu vermeiden, ist Kommasetzung zu empfehlen:

Ich rate ihm zu helfen. < *Ich rate*, ihm zu helfen. / Ich rate ihm, zu helfen.

156

- Komma trennt **Zusätze/nachträgliche Erläuterungen** vom übrigen Satz:
  Sie liest gern, besonders Krimis.
  Wöchentlich, und zwar mittwochs, findet das Training statt.
- Komma trennt Appositionen (siehe **137**) vom übrigen Satz:
  Prag, die Hauptstadt der Tschechischen Republik, liegt auf fünf Hügeln!

157 **Anreden und Ausrufewörter** werden durch Komma vom übrigen Satz getrennt:

Martin, deck doch bitte den Tisch.

Ja, sofort, soll ich auch Gläser hinstellen?

Ü 42 Wenden Sie in den folgenden Sätzen die Kommaregeln an.

a) Setzen Sie die fehlenden Kommas. Schreiben Sie die Sätze dazu ab.
b) Nennen Sie die zutreffende Kommaregel.
c) Zeichnen Sie die Satzbilder (siehe **149** f).

1. Der technische Durchbruch der in der Renaissance einsetzte führte zu Spinnmaschinen und zu Arbeitslosigkeit zu Medikamenten und neuen Krankheiten zur Effektivierung der Landwirtschaft und der Ausplünderung der Natur zu neuen praktischen Hilfsmitteln wie Waschmaschinen und Kühlschränken.
2. Da wir heute sehen wie schrecklich unsere Umwelt bedroht ist betrachten viele den technischen Durchbruch selber als gefährliche Abweichung von den Lebensbedingungen die uns von der Natur gegeben sind.
3. Wir Menschen haben dieser Auffassung zufolge einen Prozess in Gang gesetzt den wir nicht mehr kontrollieren können wobei optimistischere Seelen glauben dass wir noch immer in der Kindheit der Technik leben.
4. Die technische Zivilisation so meinen sie hat zwar ihre Kinderkrankheiten aber schließlich werden die Menschen doch lernen wie man die Natur beherrscht ohne sie lebensgefährlich zu bedrohen.
5. Im Jahre 1543 erschien ein Werk mit dem Titel „Sechs Bücher über die Umläufe der Himmelskörper" das der polnische Astronom Kopernikus geschrieben hatte der am selben Tag starb an dem sein bahnbrechendes Buch erschien.
6. Kopernikus hielt auf Grund der Beobachtungen die bisher über die Himmelskörper vorlagen für möglich dass sich nicht die Sonne um die Erde drehe sondern die Erde um die Sonne.
7. Wenn die Menschen geglaubt hatten die Sonne drehe sich um die Erde dann lag das so meinte er nur daran dass sich die Erde um ihre eigene Achse dreht.
8. Seit der Antike hatte eines der wichtigsten Argumente dagegen dass die Welt sich um ihre eigene Achse dreht gelautet dass die Erde sich dann so schnell bewegen müsse dass ein senkrecht in die Luft geworfener Stein viele Meter weiter weg wieder herunterfallen würde.
9. Der Gedanke dass die Menschheit große Fortschritte machen würde wenn Vernunft und Wissen sich erst ausgebreitet hätten hatte in Westeuropa bis vor einigen Jahrzehnten fast schon ein Monopol.
10. Kierkegaard nahm schon mit siebzehn Jahren ein Theologiestudium auf interessierte sich dann aber mehr und mehr für philosophische Fragen aber wichtiger als die Suche nach der einen WAHRHEIT war für ihn die Suche nach den Wahrheiten die für das Leben des Einzelnen wichtig sind.
11. Kierkegaard macht sich lustig über den im Wolkenkuckucksheim residierenden hegelschen Professorentyp der während er das gesamte Dasein erklärt in seiner Zerstreutheit vergisst wie er heißt und dass er ein Mensch ist.
12. Hegel nannte die Kraft die die Geschichte vorwärts treibt „Weltgeist" oder „Weltvernunft" aber Marx war der Meinung diese Sichtweise stelle die Wahrheit auf den Kopf und wollte beweisen dass die Veränderungen der materiellen Lebensbedingungen für die Geschichte ausschlaggebend sind.

3.5 Probe- und Kontrollverfahren

158 Fragemethode

Ziel: Bestimmung der *Fälle*

Beispiel: *Mein Onkel hatte den Kindern des Ingenieurs eine Reise geschenkt.*

(Nominativ) (Dativ) (Genitiv) (Akkusativ)

Frage	**Fall**	**Beispiel**
Wer? Was?	Nominativ (1. Fall)	Wer hatte den Kindern des Ingenieurs eine Reise geschenkt? Mein Onkel hatte …
Wessen?	Genitiv (2. Fall)	Wessen Kindern hatte mein Onkel eine Reise geschenkt? Den Kindern des Ingenieurs hatte …
Wem?	Dativ (3. Fall)	Wem hatte mein Onkel eine Reise geschenkt? Den Kindern des Ingenieurs hatte …
Wen? Was?	Akkusativ (4. Fall)	Wen/Was hatte mein Onkel den Kindern des Ingenieurs geschenkt? Eine Reise hatte …

Was immer gemeinsam mit **wer** oder **wen** fragen, damit eine Verwechslung von Nominativ und Akkusativ ausgeschlossen wird.

Die genauere Satzgliedbestimmung ist jetzt möglich:

Im **Nominativ** steht immer das **Subjekt**.

Im **Genitiv** steht
- entweder **das Genitivobjekt** (siehe 133)
- oder das **Genitivattribut** (siehe 137).

Im **Dativ** steht das **Dativobjekt**.

Im **Akkusativ** steht das **Akkusativobjekt**.

159 Ersatzprobe

Ziel: a) Bestimmung der *Fälle*
b) Unterscheidung von *das* und *dass*

a) Statt der Fragemethode (siehe 158) kann man zur **Fallbestimmung** eines Wortes oder einer Wortgruppe die entsprechende Form eines Personalpronomens benutzen.
Die Formen von *ich* oder *du* eignen sich am besten.

Nominativ	ich /du
Genitiv	meiner/deiner (= nur eingeschränkt verwendbar)
Dativ	mir /dir
Akkussativ	mich /dich

Beispiel: *Mein Onkel hatte den Kindern des Ingenieurs Fahrräder geschenkt.*
(ich; Nominativ) (dir; Dativ) (mich, dich; Akkussativ)

Inhaltlich ergeben sich dabei oft unsinnige Varianten, grammatisch lassen sich aber eindeutige Lösungen erzielen.

b) Wenn man *dies/dieses* oder *welches* ersetzen kann, wird ***das*** geschrieben.
Ist ein Ersetzen durch *dies/dieses* oder *welches* nicht möglich, schreibt man ***dass***.

(Artikel) (Relativpronomen)
Beispiel: *Man konnte das ganze Tal, das nun vor uns lag, überblicken.*
dies(es) welches

(Konjunktion) (Demonstrativpronomen)
Sag, dass das nicht wahr ist.
nicht ersetzbar dies(es)

160 Umstellprobe/Verschiebeprobe

Ziel: Bestimmung der Anzahl bzw. des Umfangs von Satzgliedern

→ **Abgrenzung** der selbstständigen Satzglieder **von** den **Attributen**.
(Attribute können nur gemeinsam mit dem zugehörigen Substantiv/Nomen umgestellt werden.)

Beispiel: *Der Rattenfänger von Hameln soll nach einer Sage aus dem 16. Jahrhundert 130 Kinder mit seinem Flötenspiel aus der Stadt entführt haben.*

→ *Nach einer Sage aus dem 16. Jahrhundert soll der Rattenfänger von Hameln mit seinem Flötenspiel 130 Kinder aus der Stadt entführt haben.*

→ *Entführt haben soll nach einer Sage aus dem 16. Jahrhundert der Rattenfänger von Hameln mit seinem Flötenspiel 130 Kinder aus der Stadt.*

- Dieser Satz enthält 7 selbstständige Satzglieder.
  (Das finite Verb bleibt immer an der zweiten Satzgliedstelle, das infinite Verb kann umgestellt werden.)
- Attribute sind:

von Hameln	*aus dem 16. Jahrhundert*	*seinem*
(also keine Adverbialbestimmung des Ortes: Lokalbestimmung)	(also keine Adverbialbestimmung der Zeit: Temporalbestimmung)	

4 Rechtschreibung

4.1 Die Wortstämme in der Rechtschreibung

Ziel: Richtige Schreibung von Wörtern, indem der Zusammenhang einer Wortfamilie erkennbar gemacht wird.

161 **Auslautverhärtung** beim Sprechen (b, d, g klingen am Wortende wie p, t, k)
→ stimmhafter oder stimmloser Konsonant beim Schreiben?

Die richtige Schreibung kann man leichter erkennen, wenn man eine verlängerte Form bildet:

*der Ra**t** – ra**t**en*	*kran**k** – krän**k**er*	*(auf) Pum**p** – pum**p**en*
*das Ra**d** – ra**d**eln, Rä**d**er*	*der Ber**g** – Ber**g**e*	*lie**b** – Lie**b**e*

162 **ä** oder **e**? **äu** oder **eu**?

Mit dem stammverwandten Grundwort vergleichen! Gibt es verwandte Wörter mit a oder au, schreibt man ä oder äu.

*F**ä**lle (Fall) – F**e**ll*
*l**äu**ten (laut) – L**eu**te*

163 Bei Zusammensetzungen **zwei** oder **drei gleiche** Buchstaben?

Klären Sie die Wortbestandteile oder Einzelwörter der Zusammensetzung.

*Scha**ff**ell: Scha**f** + **F**ell*
*Schi**fff**ahrt: Schi**ff** + **F**ahrt*
*T**eee**rnte: T**ee** + **E**rnte*
*Les**ee**rlebnis: Les**e** + **E**rlebnis*
*Be**ttt**uch: Be**tt** + **T**uch*
*Bee**tt**iefe: Bee**t** + **T**iefe*

164 **s – ss – ß**?

Der scharfe (stimmlose) s-Laut wird nach einem **kurzen** Stammvokal oft -ss- geschrieben.

*der Flu**ss**, ein bi**ss**chen, ich mu**ss**te*

Der scharfe (stimmlose) s-Laut wird nach einem **langen** Stammvokal oder einem **Doppellaut** (Zwielaut) -s- oder -ß- geschrieben.

*der Fu**ß**, sie genie**ß**t, der Grie**s**gram, der Rei**s***

Ü 43 b oder p / d oder t / g oder k?

Die richtige Schreibung kann man leichter erkennen, wenn man eine verlängerte Form bildet:
lieb – lieben (Infinitiv); *Land – Länder* (Plural); *krank – kränker* (Steigerung)

1. Die Ber_besteigung war anstrengen_.
2. im Ba_ das Klei_ ausziehen
3. Ra_ suchen; Ra_ fahren
4. Im Par_ lie_t genu_ Lau_.
5. eine mer_würdige Stin_bombe
6. blin_, gel_ und jun_ – was ist das?
7. den Abstie_ sor_fältig vorbereiten
8. Gefän_nis, Tan_säule, Sin_vogel
9. Lei_wolf, Fel_hase, Gol_finger
10. die Schwin_tür wir_sam loslassen
11. Das Wetter ist trü_ und re_nerisch.
12. schwei_sam beim Sta_hochsprung zusehen
13. eine Lan_schil_kröte und einen Tausen_füßler erkennen
14. Nur kein Nei_!
15. Gu_ Din_ will Weile haben.

Ü 44 s – ss – ß?

Wa_er gie_en; Ma_ nehmen; die Stra_e räumen; la_ mich lo_; drau_en bleiben; wa_erlö_liches Pulver; er verlie_ das Hau_; fri_tgemäße Kündigung; ein verru_ter Wa_erke_el; blo_ ein bi_chen Gemü_e; gewi_enhaft arbeiten; angewie_en sein; ri_ige Rinde; Kürbi_kerne bei_en; Geheimni_e haben; die Ka_e verschlie_en; der Genu_ von Sü_igkeiten; einen Be_en fre_en; da_ Gla_ anfa_en; Gra_ au_rei_en; die Proze_akten le_en; sich de_en bewu_t sein; ermä_igte Prei_e; Flie_en kleben; auf eine gewi_e Wei_e; wie der Rie_e; bla_ werden; über die Stra_e ha_ten; er ha_t Eintopf; den Rei_verschlu_ schlie_en

Ü 45 Im Text fehlen viele s-Laute. Setzen Sie sie ein:

1. Da_ hätte ich nicht gedacht, da_ da_ Buch, da_ du mir geschenkt ha_t, so mie_ ist.
2. Was du nicht willst, da_ man dir tu, da_ füg auch keinem andern zu.
3. Ha_t du gewu_t, da_ das *da_*, da_ eine Konjunktion ist, jetzt mit _ geschrieben wird?
4. Er lie_ mitteilen, da_ da_ Fa_ voll ist.
5. Sei vorsichtig beim Anfa_en die_es hei_en Ei_ens.
6. Lä_t du dich lieber kü_en oder kü_t du selbst?
7. Du wei_t doch: Wi_en i_t Macht, aber nichts wi_en macht auch nicht_.
8. Da_ du alles be_er wei_t, geht mir auf den Gei_t.
9. La_ doch das Wä_ern des Ra_ens!
10. Wenn du den Grie_pudding aufi_t, brauche ich ihn nicht wegzuschmei_en.
11. Fa_t ist mir ein Klo_ im Hal_e stecken geblieben.
12. Am meisten verha_t war mir die Anwei_ung, das Gebi_ lei_e zu schlie_en.
13. Au_er Spe_en nicht_ gewe_en!

Ü 46 Einfacher, doppelter oder dreifacher Buchstabe?

Klären Sie dafür die Wortbestandteile.
Lassen Sie sich diese Wörter diktieren.
Benutzen Sie eventuell ein Nachschlagewerk.

fet__arm; Ballet__auf__ührung; Bet__ruhe (schließen); Bisamrat__e; Fet__opf; Niet__e; Ballet__änzer; Bet__ruhe (einhalten); Schif__swrack; hof__entlich; Stof__etzen; Puf__ärmel; Hof__läche; Schif__ahrt; Fehl__eistung; Fel__smalerei; Fel__eisen; Flanel__appen; Hel__ocker; Sol__eistung; Bul__auge; Bul__garien; Te__rnte; Hawai__hemd; Hawai__nsel; Tip__schein; Flus__and; Hindernis__; Gewäs__er; Fres__zelle; Reisebus__; Anschlu__telle; Fres__ucht; Kongres__aal; Schlos__herr

Ü 47 -ensten oder endsten?

Hinweis: Der Superlativ (siehe 46) beim Partizip I entsteht so:

Infinitiv des Verbs	Partizip I	Superlativ
rühren	*rührend*	*rührendste(r, s)*

a) Füllen Sie die Lücken.

b) Unterscheiden Sie die Superlative nach Adjektiv, Partizip I und Partizip II:

die selt__sten Augenblicke; die schrei__sten Farben; mit bescheid__sten Mitteln; viele der bedeut__sten Maler; das hervorrag__ste Beispiel; der verweg__ste Reiter; aufs entschied__ste ablehnen; auf die durchtrieb__ste Weise; die reiß__sten Flüsse, in den abgeschied__sten Dörfern; die treff__ste Antwort; das wohlschmeck__ste Gericht

4.2 Worttrennung am Zeilenende (Silbentrennung)

165 Wörter werden nach Sprechsilben getrennt, bei mehreren Konsonanten (Mitlauten) wird nur der letzte abgetrennt.
stamp-fen; Karp-fen

• st wird getrennt (wie sp):	*Fen**s-t**er*
• ck wird gemeinsam auf die nächste Zeile genommen (wie ch):	*b**a-ck**en*
• auch ein einzelner Vokal (Selbstlaut) kann abgetrennt werden:	***U-f**er*
• Aber nicht am Wortende:	*Ra-d**io**, nicht Radi-o*
• auch Wörter, die bisher nach ihrer Zusammensetzung getrennt wurden, können jetzt nach Sprechsilben getrennt werden:	*h**e-r**ein; h**i-n**auf;* *P**ä-d**a-go-ge; In-t**e-r**es-se*

Ü 48 ä oder e/äu oder eu?

Füllen Sie jeweils die Lücke aus und ergänzen Sie jede Wortgruppe durch das stammverwandte Grundwort:
Muster: *an einer L**äh**mung leiden – lahm*

mit der F_hre übersetzen; fr_ndlich l_cheln; eine gef_hrliche Kr_zung; eine _rgerliche Panne; Gegens_tze erkennen; h_fige Erkrankungen; das F_ll abziehen; ein st_rkeres Gef_lle; sich mit L_ten treffen; Ger_sche nachahmen; sich über N_igkeiten austauschen; die F_lle bestimmen; Hausw_nde d_mmen; das Geb_de r_men; bel_mmert gucken; das gef_lschte Gem_lde; eine z_rtliche Berührung; das h_ssliche Entlein; jemanden neulich verbl_t haben; bl_liche Lippen; Wiederk_er behandeln; die G_msen jagen; ein einzelner St_ngel; eine aufw_ndige Stickerei

4.3 Getrennt- und Zusammenschreibung

a) Regeln bei Verbindungen mit einem **Verb**

166 immer getrennt:

• Verb	+	VERB	*kennen lernen; fallen lassen; spazieren gehen …*
• Adverb	+	VERB	*rückwärts fahren; dahinter kommen; zueinander finden …*
• Adjektive auf *-ig; -lich; -isch*	+	VERB	*übrig lassen; heimlich tun; spöttisch lächeln …*
• Partizipien	+	VERB	*bekannt machen, geschenkt bekommen; verloren gehen …*
• Formen mit *sein*			*auf sein; fertig sein; beisammen sein …*

167 teils getrennt – teils zusammen

• Substantiv	+	VERB	getrennt:	*Eis laufen; Maschine schreiben; Rad fahren …*
			zusammen:	• Substantiv ist verblasst: *preisgeben; stattfinden …* • untrennbare Einheit: *schlafwandeln; bauchreden …*
• Adjektiv	+	VERB	getrennt:	wenn Adjektiv gesteigert oder durch *ganz* oder *sehr* erweitert werden kann: *leicht(er) fallen; (ganz) zufrieden stellen …*
			zusammen:	• bei übertragener Bedeutung: *festnehmen* (verhaften), *freisprechen* (nicht verurteilen); *gutschreiben …* • wenn nicht steigerbar: *langweilen; fernsehen …*

b) Regeln bei Verbindungen mit einem **Adjektiv/Partizip**

168 **getrennt geschrieben**

• Adjektive, die gesteigert oder erweitert werden können	+	ADJ./PART.	*(ganz) wild lebende Tiger; dünn(er) besiedeltes Land …*
• Adjektive auf *-ig, -lich, -isch*	+	ADJ./PART.	*milchig trüb; gemütlich warm; chemisch rein …*
• Partizipien	+	ADJ./PART.	*leuchtend blau; berauschend schön; gestochen scharf …*
• von getrennt geschriebenen Wortgruppen abgeleitete Partizipien	+	ADJ./PART.	*auswendig gelernt(es Gedicht); verloren gegangen(es) Paradies …*

169 **zusammengeschrieben:**

• Adjektive, die die Bedeutung verstärken	+	ADJ./PART.	*lauwarm; dunkelgrün; bitterkalt …*
• Substantive, die für eine Wortgruppe stehen	+	ADJ./PART.	*zähneklappernd (mit den Zähnen klappernd); fingerbreit (breit wie ein Finger); denkfaul (zu faul zum Denken) …*

c) Schreibung mit **Bindestrich** bei:

170 – **Zusammensetzungen mit**

- **Ziffern:** *70-prozentig; eine 3-jährige Fichte; ein 17-Jähriger; 5-mal …*
- **Einzelbuchstaben:** *i-Punkt; T-Träger; S-Kurve …*
- **Abkürzungen:** *Abt.-Ltr.* (Abteilungsleiter); *Dipl.-Ing.* (Diplomingenieur) …

– **Ableitungen** (siehe 118) **von Einzelbuchstaben:**
der x-te Versuch; zum x-ten Mal …

Kein Bindestrich nach Ableitungen von Abkürzungen und Ziffern:
DGBler; ein 12er; ein 16tel; 70%ig; 10fach; das 10fache …

- **mehrgliedrigen Zusammensetzungen mit Ziffern, Einzelbuchstaben und Abkürzungen:**
  ein 5-Mark-Stück; der 200-Meter-Lauf; eine 3-Zimmer-Wohnung; S-Bahn-Fahrplan; eine 1/2-l-Flasche; Vitamin-A-haltig; eine 12er-Packung …

- **unübersichtlichen Zusammensetzungen:**
  eine Kann-Bestimmung; die Ich-Erzählung; Elbe-Schiffsreise; wissenschaftlich-technischer Fortschritt; Hawaii-Inseln; Midlife-Crisis; dein In-den-Tag-hinein-Träumen …

- **Zusammensetzungen mit Eigennamen:**
  Hans-Jürgen Beyer; Blumen-Richer; Baden-Württemberg; Bürgermeister-Schmidt-Platz …

171 Die **Straßennamen** und die Bezeichnungen für Ähnliches werden nach folgenden Regeln gebildet:

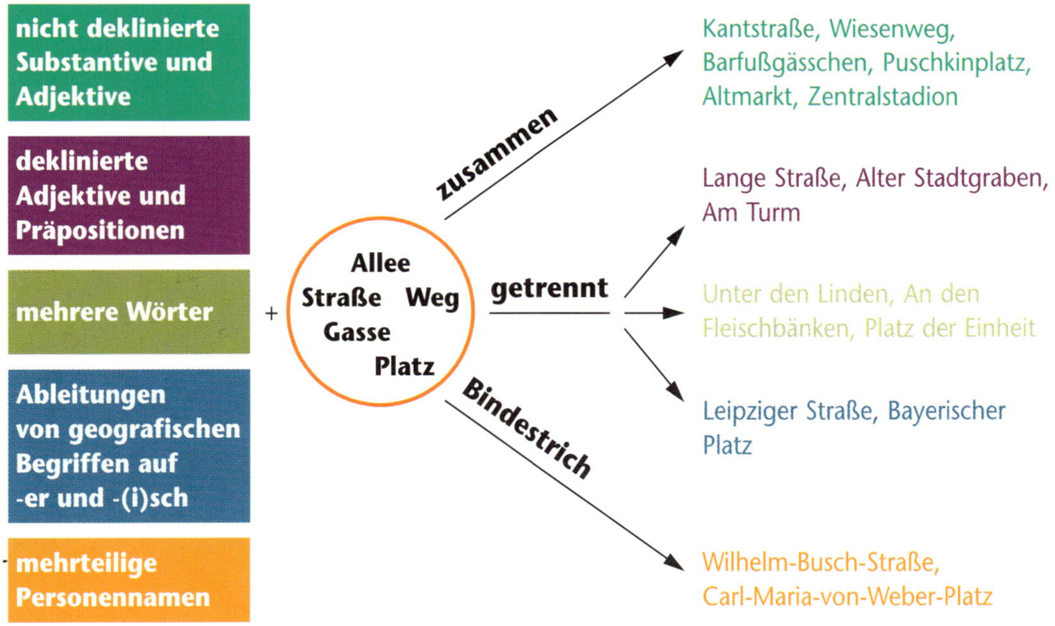

Ü 49 a) Begründen Sie die Getrennt- bzw. Zusammenschreibung.
b) Bestimmen Sie deshalb auch die Bestandteile dieser Wortgruppen/Wörter:

1. über einen Sieg frohlocken;
2. den Nachbarn freundlich grüßen;
3. in der Einschätzung der Lage fehlgehen;
4. am Abend beisammen sein;
5. den Schüler maßregeln;
6. bergsteigen wollen;
7. abwärts rollen;
8. Feuer fangen;
9. einen Betrag gutschreiben;
10. die Bedingungen kennen lernen

Ü 50 Getrennt oder zusammen?
(Schlagen Sie ggf. nach)

1. Auf dem Bild des Niederländers sieht man viele Eis/eis/laufende Menschen.
2. Ein winterlich/trüber Himmel wölbt sich über der Landschaft.
3. Auf dem Bild herrschen dunkel/braune und schmutzig/weiße Farbtöne vor.
4. Ein Mann hebt ein verloren/gegangenes Spielzeug auf.
5. Die an der Eisfläche sitzen/gebliebenen Mädchen lachen.
6. Im Hintergrund liegt hüft/hoch der Schnee.
7. Eine Alter/alter/s/schwache Hütte steht am linken Bildrand.
8. Zwei hoch/gewachsene Bäume werden von mehreren Vögeln als Sitzgelegenheit benutzt.
9. Eine Frau scheint Brand/brand/neue Stiefel an den Füßen zu haben.
10. Sie fallen dem Betrachter als leuchtend/rote Farbflecke ins Auge.

Ü 51 Setzen Sie den **Bindestrich**:

A/Dur/Tonleiter; eine 25/jährige/Frau; in den 90/er/Jahren; 67/er/Bildröhre; ein 8/el/Torte; $^3/_4$/Takt; 6:3/Sieg; dpa/Meldung; DGB/ler; eine 20/%/ige/Lösung; das Dativ/m; zum x/ten/Mal; Herzogin/Amalia/Bibliothek; das ständige H(h)in/und/H(h)er/F(f)ahren; das Ball/S(s)pielen; ein x/beliebiges/Bild; das Make/up; eine 25/fache/Vergrößerung; ein 3/Tonner; eine Y/Achse; das V(v)on/der/Hand/in/den/Mund/L(l)eben; beim Tango/(T)tanzen; eine 12/er/Packung; in den 50/er/Jahren

Ü 52 Vier der folgenden 24 Straßennamen sind falsch geschrieben.
Welche sind es? Wie müssen sie geschrieben werden und warum?

Frankfurter Allee; An der Mauer; Am-Tiefen-Graben; Hannoverplatz; Grimmaische Straße; Geschwister-Scholl-Straße; Semmelweis-Weg; Hochstraße; Am Langen Teich; Goethe-Schiller-Platz; Hamburger Allee; Obere Albertstraße; Schmalweg; St. Gallener Chaussee; Albert-Einstein-Straße; GutsMuthstraße; Am Köllnischen Park; Usedom-Straße; Pyramidenbrücke; Priesterstieg; Hoher-Wall-Graben; Genossenschaftsweg; Bruno-Baum-Straße; Bitterfelder Straße

4.4 Groß- und Kleinschreibung

172 **Großgeschrieben** werden (außer Satzanfängen und Substantiven):

a) Substantive aus anderen Sprachen (= Eindeutschung):
das Center; der Drink; die City …

b) Substantive als Bestandteil fester Fügungen:
mit Bezug auf; Rad fahren; Leid tun …

Aber: 173 a)

c) Tageszeiten nach den Adverbien *vorgestern, gestern, heute, morgen* und *übermorgen*:
gestern Abend; übermorgen Mittag; heute Nachmittag …

Aber: Montag abend; abends, morgen früh (*früh* ist keine Tageszeit)

d) Wörter anderer Wortarten, wenn sie als Substantive gebraucht werden (= **Substantivierung**). Man erkennt sie an mindestens einem der folgenden Merkmale:

- vorausgehender Artikel, Pronomen, unbestimmtes Zahlwort:
  das Betreten; dieses Durcheinander; meine Kleine; viel Gutes …
- Attribut: *gründliches Nachdenken; das Singen von Volksliedern; das Putzen der Fenster …*
- Präposition: *vom (von dem) Reiten; auf das Äußerste …*

Dazu gehören auch

feste Redewendungen wie:
im Folgenden; auf dem Trockenen sitzen; den Kürzeren ziehen; im Dunkeln tappen …

Ordnungszahlen: *Vierter werden; als Zweiter einlaufen …*

e) Farb- und Sprachbezeichnungen in Verbindung mit Präpositionen:
auf Deutsch sagen; in Englisch geschrieben …
bei Grün starten; ein Hemd in Rot …

173 **Kleingeschrieben** werden

a) die Substantive *Angst, Bange, Gram, Leid, Pleite, Schuld* in Verbindung mit den Verben *sein, bleiben, werden*:
Mir wird angst und bange. Der Betrieb ist pleite. Er war schuld.

b) Verbindungen, deren erster Teil seine Bedeutung verloren hat: *heim-, irre-, preis-, stand-, teil-, wett-, wunder-*:
heimkehren; irregehen; preisgeben; standhalten, stattfinden; teilnehmen; wettlaufen, wundernehmen …

c) feste Verbindungen aus Präposition + Adjektiv bzw. Ordnungszahl:
von fern; von nah und fern; gegen bar; durch dick und dünn; über kurz oder lang; von klein auf; jenseits von gut und böse …
vor kurzem; seit langem; von neuem …

d) Ableitungen auf *-(i)sch*, wenn sie selbst nicht Teil eines Eigennamens sind:
die goetheschen Gedichte; italienische Straßen; das newtonsche Gesetz der Schwerkraft …

Aber: *die Sächsische Schweiz* (siehe **175**)

Aber: Ableitungen von geografischen Eigennamen auf *-er* werden großgeschrieben (siehe **175**)

e) Anredepronomen *du* und *ihr* und die entsprechenden Possessivpronomen (besitzanzeigende Fürworter):
Ich danke dir für deinen Brief. Wie habt ihr euern Urlaub verbracht?

Aber: *Ich rufe Sie bald an. Wir freuen uns auf Ihren Besuch.*

174 **Mehrteilige Eigennamen** werden großgeschrieben – außer den Artikeln, Präpositionen und Konjunktionen!

• Eigennamen von Personen	*Ludwig van Beethoven; Walther von der Vogelweide; Heinrich der Achte*
• geografische Eigennamen	*das Schwarze Meer; Hohe Tatra*
• Eigennamen von Objekten	*Großer Wagen* (Sternbild) *der Blaue Enzian* (Eisenbahnzug) *die Große Mauer* (Bauwerk)
• Eigennamen von Orden und Auszeichnungen	*das Blaue Band des Ozeans*
• Eigennamen von Organisationen, Institutionen, Zeitungen	*Deutscher Bundestag* *Hotel Vier Jahreszeiten* *Berliner Zeitung*
• Titel	*Heiliger Vater* *der Regierende Bürgermeister*
• biologische Klassifizierungseinheiten	*das Fleißige Lieschen* *der Rote Milan*
• besondere Kalendertage	*der Erste Mai* *der Heilige Abend*
• bestimmte historische Ereignisse/ Epochen	*der Zweite Weltkrieg* *die Jüngere Steinzeit*

175

Ableitungen

von geografischen Eigennamen auf *-er* werden großgeschrieben:
der Schweizer Käse; die New Yorker Straßen; Berliner Mauer …

von Eigennamen auf *-(i)sch* werden kleingeschrieben:
die darwinsche Theorie; der goethesche „Faust“; mit eulenspiegelhaften Späßen …

feste Begriffe

werden kleingeschrieben:
die rote Karte; erste Hilfe; goldene Hochzeit; ungarische Salami; das große Los …

Aber: großgeschrieben

– in Eigennamen:
Sächsische Schweiz; Tschechische Republik …

– Bei Personennamen mit Apostroph:
Darwin'sche Theorie; der Goethe'sche „Faust“; in Schiller'schen Balladen …

176 **Superlative mit *am*** werden auf die Frage

Wie?

kleingeschrieben:

Dieses Fahrzeug ist am schnellsten.

Die Kontrolle wurde aufs gröblichste vernachlässigt.

Woran? (An was?), Worauf? (Auf was?) Womit? (Mit was?)

großgeschrieben:

Den Kindern fehlt es am Nötigsten.

Wir haben auf das Wichtigste gewartet.

Sie rechneten mit dem Unwahrscheinlichsten.

Ü 53 Substantivierung

a) Schreiben Sie die substantivierten Wörter groß.
Ein Wort kann groß- oder kleingeschrieben werden.

b) Schreiben Sie 8 substantivierte Wörter mit ihren Merkmalen heraus.

Jeder ist betroffen: Es geht um das schenken. Etwas teures zu verschenken kann den beschenkten erfreuen, weil er Wertschätzung erfährt. Es kann aber auch beschämen, weil der nehmende eventuell an die eigenen finanziell engen Grenzen erinnert wird. Es soll auch schon vorgekommen sein, dass jemand eine kitischige Schale durch verschenken endlich „entsorgt" hatte, jedoch drei Jahre später genau dieses so „wertvolle" Stück nach neun Zwischenstationen zurückbekam.
Besonders zu Weihnachten kann das hektische zusammentragen der Gaben sehr belasten.
Also gar nichts schenken und also auch nichts geschenkt bekommen?
Damit können erwachsene sicher leben. Schwierig ist dabei jedoch folgendes: sich aus einer Gemeinschaft ausklinken zu müssen oder die anderen zu überzeugen, auch aufs gabenverteilen zu verzichten. Bei Kindern wird man mit Argumenten wie sich-dem-Konsumzwang-nicht-unterwerfen kaum Erfolg haben. Unsere kleinen sind ja auch frei von der Verpflichtung, sich angemessen revanchieren zu müssen. Also können sie zum Geburtstag und zu Weihnachten mit dem schönsten und teuersten rechnen.
Wie schön wäre es, wenn man jedem seiner Freunde und nahen verwandten eine kleine, auf die Individualität des beschenkten genau zugeschnittene und von diesem mit echter Freude aufgenommene Überraschung bereiten könnte – und das Jahr für Jahr!

Ü 54 Eigennamen – feste Begriffe – Ableitungen von Eigennamen

Entscheiden Sie, ob es sich um Eigennamen, die großgeschrieben werden, oder um feste Begriffe, die kleingeschrieben werden, handelt.

Achten Sie auch auf die unterschiedliche Schreibung der Ableitungen von Eigennamen (siehe 174): (Benutzen Sie, falls Sie unsicher sind, ein Nachschlagewerk.)

a) das (s)chwarze Brett – die (s)chwarze Witwe – das (s)chwarze Meer;
der (b)laue Brief – die (b)laue Lagune;
die (g)rüne Lunge – der (r)ote Milan – der (w)eiße Sonntag;
der (s)tille Ozean – der (s)chnelle Brüter – das (n)eue Jahr;
in der (m)ittleren Holdergasse – das (g)roße Los – (h)ohe Tatra;
der (h)eilige Vater – der (h)eilige Abend – die (h)eiligen Bücher
die (g)emeine Stubenfliege – das (f)leißige Lieschen;
die (s)chwedischen Gardinen – der (w)estfälische Frieden – der (i)talienische Salat;
Holbein der (j)üngere – die (j)üngere Steinzeit – der (a)lte Fritz

b) Der (d)eutsche Bundestag – die (d)eutschen Tageszeitungen;
(g)rünes Gewölbe in Dresden – (g)elbes Trikot;
(z)weites (d)eutsches Fernsehen – die (d)ritte (f)ranzösische Stadt mit einer Metro;
(a)lte Musik lieben – Akademie für (a)lte Musik Berlin;
eine (w)eiße Weste – die (w)eiße Flotte;
(s)tädtische Gesundheitseinrichtungen – (s)tädtisches Klinikum Berlin-Buch

c) die (g)oethe/schen Jugenddramen;
das (n)ewton/sche Gesetz der Schwerkraft;
(l)essing/sche Fabeln;
(e)ulenspiegelhafte Streiche;
(n)obel/sche Stiftung;
(k)afkaeske Situation

4.5 Fremdwörter

177 Der Prozess der **Eindeutschung von Fremdwörtern** wird fortgesetzt. Oft bleibt daneben die konsequente Fremdwortschreibung auch bestehen:

a) **Eindeutschungen**

ph → f
phon → fon
graph → graf

Delfin; Telefon; Saxofon; Geografie; Biografie …

-tiell → -ziell
-tialismus → zialismus

potenziell; Existenzialismus …

Plural bei englischen Substantiven auf -y:

Singular	Plural
Baby	Babys
Hobby	Hobbys
Lady	Ladys
Party	Partys

ai → ä
é → ee
au → o
ou → u

Mayonnaise → Majonäse;
Mohair → Mohär;
Bouklé → Buklee;
Varieté → Varietee;
Sauce → Soße;
Coupon → Kupon;
Nougat → Nugat …

b) Eindeutschungen von Einzelwörtern:

Hauptvariante	Nebenvariante	Hauptvariante	Nebenvariante
Bonbonniere	***Bonboniere***	*Waggon*	***Wagon***
Chicorée	***Schikoree***	***Jogurt***	*Joghurt, Yoghurt*
Getto	*Ghetto*	*Panther*	***Panter***
Ketschup	*Ketchup*	***Spagetti***	*Spaghetti*
Portmonee	*Portemonnaie*	*Thunfisch*	***Tunfisch***
Penizillin	*Penicillin*	***Hämorride***	*Hämorrhoide*
Trecking	*Trekking*	*Katarrh*	***Katarr***

178 **Mehrgliedrige Wörter aus dem Englischen**

- werden zusammengeschrieben:
  Blackout; Comeback; Playback; Knockout …
- Bei Verwendung eines Bindestrichs wird auch der zweite Wortteil großgeschrieben:
  Black-Out; Come-Back; Play-Back; Knock-Out …
- Bei Wörtern aus dem Englischen, die getrennt geschrieben werden, wird der zweite Teil großgeschrieben:
  Corned Beef; Fair Play; Fast Food; Happy End …

Ü 55 Ergänzen Sie die fehlenden Wortarten dieser Fremdwörter:

Substantiv	Verb	Adjektiv
		reell, real
	blamieren	
Potenz		
	kontrollieren	
		existenziell, -tiell
	aktivieren	
Publikation		
	telefonieren	
		argumentativ
	theoretisieren	
Präsent		
	reflektieren	

Ü 56 Finden Sie die gesuchten Fremdwörter:

Prä ___	*Vorsilbe*
____	*hoher Beamter im Römischen Reich*
_____	*Vorrede, Einleitung*
______	*Vorspiel*
_______	*vordere Backenzähne*
________	*Vorbeugungs-, Verhütungsmittel*
_________	*Vorstellung, Vorzeigung*
__________	*vorangegangener Fall*
___________	*Vorherbestimmung, Vorausbestimmung*

Ü 57 Die drei Texte behandeln Themen aus verschiedenen Bereichen.

a) Welchen Fachgebieten sind die Texte jeweils zuzuordnen?
b) Welche Fremdwörter sind fachspezifisch?
c) Welche Fremdwörter werden auch in anderen Zusammenhängen verwendet?

A In einigen Bereichen werden Bauelemente aus Thermobimetall eingesetzt, die auf Temperaturzunahme ansprechen. Thermobimetalle bestehen aus zwei aufeinander gelöteten, gewalzten oder geschweißten Metallen. Voraussetzung ist, dass beide Metalle vrschiedene thermische Ausdehnungskoeffizienten haben. Erwärmt man einen Bimetallstreifen, so biegt er sich infolge der unterschiedlichen Wärmeausdehnung derart, dass die Oberfläche der Metallseite mit der geringeren Ausdehnung konkav wird, während das andere Metall eine konvex gewölbte Oberfläche annimmt. Die spezifische thermische Ausbiegung hängt in erster Linie von der Differenz der Ausdehnungskoeffizienten der beiden Metallkomponenten ab. In einem Temperaturbereich von –20° bis +380 °C nimmt die Ausbiegung des Streifens linear zu.

B Für eine erfolgreiche Therapie von Infektionskrankheiten hat der Nachweis der beteiligten Erreger durch Tupferproben von der betroffenen Lokalisation grundlegende Bedeutung. Um eine Kontamination der Proben zu vermeiden, ist auf eine aseptische Entnahme zu achten. Die Entnahmetupfer mit mitgeliefertem Transportmedium sollen verhindern, dass Sekundärkeime die pathogenen Erreger überwuchern. Im Labor werden bakteriologische, mykologische und parasitologische Untersuchungen vorgenommen. Die meisten bakteriellen Infektionen der Harnblase oder Harnröhre sind aufsteigende Infektionen durch aerobe Bakterien. Optimal für eine bakteriologische Untersuchung ist Katheter- oder Punktionsurin. Neben einigen obligat pathogenen Erregern gelten viele Erreger als fakultativ pathogen. Für die Interpretation der Kulturen im Labor ist die körpereigene Bakterienflora, die sich in einem sensiblen Gleichgewicht hält, nicht ohne Bedeutung.

C Bisher verweigern sich die Leser mehrheitlich allen Versuchen, Literatur in digitalisierter Form zu konsumieren. Ob auf CD-ROM gepresst oder via Internet in den heimischen Computer transferiert – Romane als Bitware setzen sich nicht durch. Der moderne Leser ist mobil, seine Hardware ist das Taschenbuch, das er ortsflexibel nutzen kann. Das soll die Entwicklung eines Elektronikbuches ändern. Eine papierne Außenhülle umschließt eine pigmentierte Flüssigkeit namens E-Link mit Schichten aus Leiterbahnen und Kunststoff. Die Änderung der elektrischen Spannung lässt diese „Tinte" reagieren, sodass das ganze Buch eine Metamorphose erfährt. In einen Slot im Cover können Smartcards geschoben werden, auf denen verschiedene Titel gespeichert sind. Der variable Lesestoff erscheint – prozessorgesteuert – auf den Seiten.

Sachwortverzeichnis

Für Prüfung und Praxis

Nuding/Zirkel,

Prüfungsbuch Gemeinschaftskunde

ISBN 3-7782-**1175**-7

7. Auflage, 204 Seiten, Taschenbuch

Dieses beliebte Prüfungsbuch berücksichtigt alle Stoffgebiete des Lehrplans für die Berufsschule einschließlich seiner Ergänzungen (Wiedervereinigung Deutschlands u.a.). Zahlreiche Abbildungen veranschaulichen auch schwer verständliche Stoffgebiete. Zudem erleichtert der Aufbau in Frage- und Antwortspalte die Handhabung des Buches. Über die Beantwortung der Fragen der Fragen hinaus geben viele Antworten zusätzliche Erläuterungen. Zwei Musterabschlussprüfungen mit Lösungen helfen, den Kenntnisstand zu überprüfen.

Bonz/Scheffner,

ich-wir Gemeinschaftskunde

ISBN 3-7782-**1140**-4

2. Auflage, 255 Seiten, viele Abbildungen

In diesem aktuellen, mehrfarbigen Lehr- und Arbeitsbuch werden alle für den Politikunterricht an beruflichen Schulen wichtige Themen systematisch behandelt und für Lernende verständlich dargestellt. Aufgrund seiner Konzeption ist dieses Schulbuch vielseitig einsetzbar und ermöglicht selbstständiges Lernen sowie handlungsorientierten Unterricht. Besonderer Wert wurde auf Übersichtlichkeit und gute Gliederung gelegt. Die Zwischenüberschriften erleichtern es, den "roten Faden" eines Abschnitts zu erkennen. Dabei unterstützen die Rasterung und die Farbe die didaktischen Absichten ebenso wie die Hervorhebung wichtiger Stichworte.

Nuding,

Prüfungsbuch Wirtschaftskunde

ISBN 3-7782-**1280**-X

8. Auflage, 208 Seiten, Taschenbuch

Diese Neuauflage des beliebten "Prüfungsbuchs Wirtschaftskunde" enthält die neuesten Modalitäten der Abschlussprüfung. Inzwischen ist nicht nur ein umfangreiches Grundwissen erforderlich, sondern auch die Fähigkeit, handlungsorientiert vorzugehen.Aus diesem Grund sind in diesem Prüfungsbuch Fallaufgaben enthalten, deren Bearbeitung teilweise handlungsorientiertes Vorgehen erfordert. Die neue Konzeption berücksichtigt auch, dass die Auszubildenden durch die betriebliche Ausbildung über wenig Freizeit verfügen. Deshalb wurde auf eine benutzerfreundliche Gestaltung besonderer Wert gelegt.

Crone/Kühn,

Wirtschaft kompakt

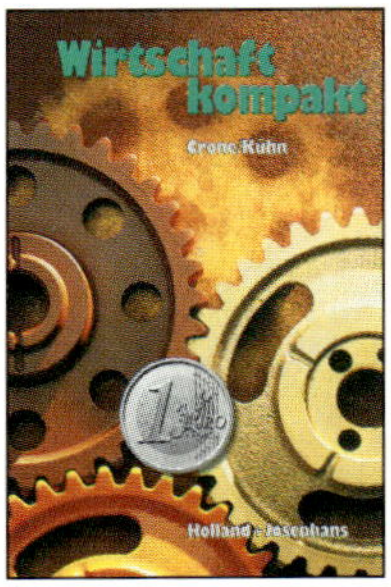

284 Seiten, viele Abbildungen
Schülerausgabe ISBN 3-7782-**1275**-3
Lehrerausgabe ISBN 3-7782-**1279**-6
Arbeitsheft (Schülerausgabe) ISBN 3-582-**04972**-8
Arbeitsheft (Lehrerausgabe) ISBN 3-582-**49721**-6

Das aktuelle und sehr preiswerte Buch bringt das wirtschaftliche Grundwissen auf den Punkt. Diese sehr kompakte Ausgabe, die auf die neuen Lehrpläne abgestimmt ist, nimmt durch die Straffung der Themen auf gekürzte Wochenstundenzahlen Rücksicht. Der Schüler wird anschaulich und in zeitgemäßer Form auf seine Rolle als Arbeitnehmer und Verbraucher in einer modernen Marktwirtschaft vorbereitet.

Änderungen vorbehalten. Weitere Lehr- und Fachbücher finden Sie in unserem Gesamtverzeichnis. Bitte fordern Sie es an.

Holland + Josenhans Verlag Stuttgart